¿SABES LO QUE CREES?

WOLFGANG KELLERT

Ninguna parte de este libro puede ser reproducida, alterada, editada o utilizada por cualquier forma o medio, electrónico o mecánico, inclusive fotocopias, grabaciones, Internet, televisión, cinema o sistema de almacenamiento en banco de datos, sin permiso por escrito del autor, excepto en los casos de fragmentos cortos citados en reseñas críticas o artículos de revistas, periódicos o cualquier medio de comunicación, siempre y cuando se cite la fuente. La reproducción, cambio, alteración o uso indebido del contenido, así como la distribución de ejemplares del mismo mediante alquiler o préstamo públicos, estará sujeto a un proceso judicial, amparado por la ley al derecho del autor.

Copyright © 2016 Wolfgang Manuel Kellert De Villegas

ISBN-13: 978-99974-930-0-2

A mi familia:
Por el amoroso e incondicional apoyo
que siempre me brindaron.

ÍNDICE

UN DOLOR DE ESTÓMAGO	1
NO ERES TÚ	11
¿QUÉ PASA CONTIGO CUANDO PIENSAS?	21
MENTE – CEREBRO	33
PILOTO INTERESTELAR	45
EXPERIMENTAS LO QUE ERES	53
¿POR QUÉ PASAN LAS COSAS?	67
CREENCIAS NUEVAS	81
DESTINO	93
DEJAR IR	109
GRACIAS	121
LAS DOCE	145
AMORES PERROS	159
LOS CAMBIOS	173
INSPIRADOR	185
CONSCIENCIA DE MORIR	199
EPÍLOGO	209
REFERENCIAS	213
SOBRE EL AUTOR	215

*No juzgues a las personas;
ellas al igual que tú,
están aprendiendo a vivir.*

PRÓLOGO

Nunca antes hasta el año 2014, se había emitido en Bolivia un programa de entretenimiento de manera simultánea a través de quince canales de televisión distintos y doce radios locales.

En este inusual fenómeno mediático, los medios de comunicación encargados de la transmisión comprendieron que, más que la exclusividad de un programa, importaba el servicio social que se brindaba a la salud física, mental y espiritual de la población.

De la misma manera en que los medios de comunicación aúnan esfuerzos ante ocasionales "desastres naturales" difundiendo masivamente información, orientación y prevención como parte de su servicio a la comunidad, Wolfgang Kellert De Villegas, a través de su programa *Este Instante* los invitó a unir fuerzas para difundir masivamente un "Entretenimiento Consciente Transformacional", como una forma de prevención ante los cotidianos "desastres emocionales", ante todo tipo de violencia y ante toda clase de miseria humana.

No se trataba de un programa religioso ni de nueva era ni de psicología ni de autoayuda, sino de consciencia.

Fue la primera vez que varias emisoras locales y nacionales de la televisión y de la radio rompían sus esquemas de "exclusividad" para emitir de manera conjunta en distintos días y horarios un programa de producción independiente, cuyo servicio llegaría a un país de más de diez millones de habitantes.

Este libro es el resultado de los contenidos de *Este Instante* y profundiza gran parte de los temas que se expusieron a lo largo de sus capítulos.

Te invitamos a que descubras en cada página el porqué del gran impacto de este programa en la televisión boliviana.

Fíjate en la meta,
pero concéntrate en el camino.
Fíjate en el camino,
pero concéntrate en tus pasos.
Fíjate en tus pasos,
pero concéntrate en quién los da.
Sé tú,
cada paso,
cada camino,
y cada meta.

INTRODUCCIÓN

Suelen preguntarme…
¿Algún libro que me recomiendes?
¿Alguno que me sirva para abordar el abandono?
¿Cuál habla de la soledad?
¿Conoces alguno para cuando no sabes qué hacer con tu vida?
¿Y para superar la muerte de un ser querido?
¿Algún consejo para la depresión?

Ufff... Es más complejo que eso. Tal vez un libro te ayude y te quite momentáneamente el dolor de la "soledad" o del "abandono", así como una aspirina te calma el dolor de cabeza. Pero necesitas más que un "calmante". Necesitas sanarte y no aliviar solamente el síntoma, sino cada vez buscarás un libro para cada dolor. Necesitamos profundizar en las causas y no solo prestar atención a los síntomas.

Suele suceder además —y haciendo un símil con las enfermedades— que el síntoma tiene un origen que jamás imaginaste; solamente te guiaste por el común de las respuestas: *mucho estrés, nervios, achaques de la edad, genética…* En estos casos, tu "alimentación" física y mental no es la prioridad; únicamente quieres quitarte el dolor —o la soledad, o la depresión— de la misma y rápida manera en que un analgésico quita un dolor de estómago.

Para abordar el "abandono de alguien" debemos abordar no el abandono en sí, sino cuáles son los paradigmas que hacen que nos sintamos "abandonados". Es en este punto donde vamos a necesitar algo más que un par de libros, porque hay cosas que se comprenden profundamente sin la necesidad del proceso de pensar.

Evidentemente, la información y el conocimiento son algo vital; y eso nos lo dan los libros, los videos, la Internet, la gente; siempre y cuando intentemos ser lo más coherentes posibles con nuestro discernimiento en función de la información que recibimos.

Pero aún así, no basta con conocer. Hay que entender. Y el entendimiento es algo muy ligado al nivel de consciencia de cada persona. Consciencia que se despierta y/o expande por un sinnúmero de factores en cada caso; por eso, un mismo libro no tiene un mismo efecto en todas las personas.

Muchas cosas, más de las que imaginamos, entran en juego a la hora de abordar "la depresión"; y no solamente eso, sino que entra en juego aquello en lo que nunca pensamos, porque nunca lo supimos. No vemos el problema con otros ojos, no lo pensamos con otra mente, no se nos ocurre cuestionarnos las creencias con las que crecimos porque pensamos que son parte intrínseca de nuestro carácter. No sabemos que no lo sabemos.

No sabemos, tampoco, que no se trata de ir al fondo del problema y cambiar una conducta, sino que se trata más bien de salir del fondo de nuestros esquemas, de cambiar nuestras creencias y darnos cuenta de que no hay un "problema" en sí.

No se trata de cambiar una forma de actuar, sino una forma de Ser. No se trata de corregir una conducta, sino de cambiar el punto de vista de nuestras creencias. Tampoco se trata de incrementar la autoestima, sino de transformarse totalmente en otra persona.

No se pueden generar cambios positivos y que estos sean perdurables con la misma forma de pensar que genera los conflictos. Un cambio de conducta no cambia la raíz del problema; recibir consuelo tampoco. Inclusive hacer las cosas con solo amor es insuficiente. Hay que conocer nueva información para luego entenderla y con ello poner en marcha el cambio, sin duda alguna, con amor.

Un hijo al que se le brinda mucho amor puede tener una conducta delictiva o depresiva. Del mismo modo, nuestro entorno más cercano puede brindarnos el mayor de los amores, y aún así podemos seguir sintiéndonos perdidos. Necesitamos algo más que amor y fe; necesitamos también conocer y entender.

No se trata de aferrarse a un Dios al que le dejamos en las manos nuestros problemas siendo aún mezquinos y con la misma conducta portadora de los conflictos. No es resignarse a un pendiente karma esperando a que se nos acabe la vida "cumpliendo" con tan doloroso y adeudado aprendizaje, sino que se trata de entendernos a nosotros mismos antes de echarle la culpa a la suerte, a los demás y al destino.

Este libro proviene en gran parte de los guiones que escribí para el programa de televisión *Este Instante*. Abordo distintos temas que no necesariamente tienen una conexión temática y secuencial, pero que, como conjunto, intentan despertar una consciencia dormida haciendo que cada capítulo haga un clic en lo más profundo de tu Ser.

El objetivo de este libro es mostrarte otro punto de vista. Deseo que cada capítulo despierte en ti un entendimiento que no necesariamente es a través del raciocinio, sino por medio de la trascendencia. Espero que cada capítulo, cada concepto, cada ejemplo o cada frase vaya iluminando tu mente y expandiéndote a una consciencia superior que no hace uso del proceso de pensar para poder entender aquello que no estaba en tus esquemas.

Muchas personas buscan respuestas en el mundo espiritual; buscan sanación física o emocional con el apoyo de algún benévolo guía espiritual según su creencia. Muchos se aferran a ritos, invocaciones, mandalas, cristales, mantrams, limpiezas, curanderos... en fin, buscamos una ayuda en lo "intangible" porque desde hace milenios sabemos (al menos culturalmente hablando) que siempre hubo entidades superiores, fuerzas, espíritus, maestros, extraterrestres, ángeles, santos o deidades que más de un milagro han obrado en la vida de los seres humanos a lo largo de la historia. Pues sí. Evidentemente nos han ayudado.

Y creo que nos hemos malacostumbrado a eso.

Dependemos mucho de "alguien" o "algo" para encausar nuestras vidas. Aspiramos a ser perdonados por nuestros pecados en vez de corregir nuestros actos o imploramos la cura milagrosa en vez de cambiar nuestros hábitos alimenticios.

Creo que antes de orar por el planeta podemos ser más proactivos dando el ejemplo de consciencia ecológica. Que en vez de clamar a Dios por la paz mundial empecemos por no criticar y juzgar al vecino. Que antes de hacer un ritual de cuatro horas para pedir el amor universal que proviene de la trigésima dimensión, brindemos nuestro tiempo dando una mano a quien lo necesita día a día.

Que en vez de ir de rodillas a la iglesia a pedir perdón por el daño que hicimos nos disculpemos directamente con quienes sufrieron por nuestro daño, o hagamos algo para redimirnos con ellos, o con otros. Que antes de pedir una alineación de chacras a un maestro ascendido, observemos si nuestro ego está a flor de piel. Que antes de amar a la Humanidad, empecemos por no hablarle de mala gana o detestar al colega del trabajo. Que antes de hacer uso del Poder de la Palabra hagamos uso del poder de la responsabilidad y del sentido común.

En otras palabras, que antes de pedirle a Dios (o a quien fuere) que nos cambie la vida y lo haga todo por nosotros, seamos nosotros quienes hagamos ese cambio como fruto de la toma de consciencia de nuestros pensamientos y actos más elementales, y de vencernos a nosotros mismos como resultado de la reflexión y de un cambio de actitud.

Sé que no tienes por qué estar de acuerdo con todo lo que expreso en este libro; tampoco espero que lo estés. Pero lo que sí espero es que por lo menos este libro te motive a intentar ver tu mundo desde otra perspectiva. Deseo que veas tu vida con otros ojos, incluso aquello que consideras "bueno", "correcto", o "valioso". Que vayas más allá de la zona de confort en la que te encuentras hace mucho tiempo y que a su vez desconoces.

Que antes de que te pongas a pensar en cómo funciona el karma pienses en cómo funciona tu cabeza. Que antes de buscar en las profundidades del cosmos busques en lo más profundo de tu Ser; y que antes de conocer los misterios de "Dios" te conozcas a ti mismo.

¿SABES LO QUE CREES?

En este libro quiero hablarte de cosas que considero básicas; y son tan básicas que mucha gente ni las toma en cuenta. Te invito también a que, antes de que entres de lleno en su lectura, tomes un papel y escribas en él una pequeña lista de las cosas que te harían feliz en este momento o en el futuro, y que también escribas aquello que te molesta, te desagrada, te entristece, te atemoriza o duele. En ambos casos, escribe el porqué.

Una vez que hayas hecho tu lista, dobla el papelito, ponlo en un sobre, ciérralo bien como para mandarlo por correo, ponlo en la última página de este libro y olvídate de ello hasta que termines de leer el último capítulo. Por favor, ¡sigue mi consejo! Escribe esa pequeña lista y guárdala.

Me siento muy feliz de que este libro haya llegado a tus manos. Te agradezco infinitamente que me hayas escogido como confidente para entrar en tu vida en estos momentos y, de esta manera, permitirme ser parte de tus pensamientos y de compartir tu tiempo conmigo.

Realmente hago votos por que este libro te sea útil.

Ahora toma ese papel, haz tu lista, y ¡empecemos!

Cura tu cuerpo,
cura tu mente,
cura tu alma.

UN DOLOR DE ESTÓMAGO

Vamos a imaginar que hoy sentiste un dolorcillo en la boca del estómago.

"Algo me hizo daño", podrás decir, pero como no molesta mucho, esperas a que se vaya. Así puedes estar todo el día con ese ligero dolor; olvidándolo y sintiéndolo.

Pasan dos días. El dolor ha estado de manera intermitente; todavía está en tu rango de molestia aceptable; piensas que tu cuerpo aún no elimina aquello que te ha hecho daño y esperas a que tu organismo siga con su proceso de depuración.

Llega el cuarto día. El dolor aumenta y ya no puedes ignorarlo; entonces decides optar por un plan "**B**": **b**uscar algún digestivo en casa, sea natural o químico. El dolor ya tiene toda tu atención y únicamente esperas a que el digestivo cumpla su función. Sin embargo, horas después, el dolor empeora; te dan retortijones por la noche y te cuesta dormir. El digestivo no ha servido de mucho, razón por la cual piensas en el plan "**C**": ¡**C**almante! Ingerir un fuerte calmante.

De persistir el dolor al día siguiente, considerarás ir al doctor; mientras tanto, esperas a que el calmante haga su maravilloso efecto para que puedas dormir tranquilamente. El dolor disminuye, pero a las pocas horas el retortijón es alarmantemente doloroso. Necesitas algo más que un calmante, así que inmediatamente se activa en tu cabeza el osado plan **"D"**: **d**oble. Tomar el doble de la dosis.

A todo esto ya prendiste la luz y ya has alarmado a tu familia. Caras curiosas y soñolientas que preguntan si estás bien y que tal vez una infusión caliente podría ayudar más.

Ya has perdido el sueño. El dolor de estómago se ha convertido en un malestar más grande que también consume tu energía y tu estado de ánimo; solamente esperas a que se te pase después de la doble dosis y la infusión de hierbas que acabas de consumir. Al poco tiempo los retortijones son más fuertes y constantes, y hacen que te quiebres. Es ahí que surge en tu mente el plan **"E"**: **e**mergencias. Ir a la sala de emergencias del hospital más cercano.

Mientras estás camino al hospital, sientes que el dolor inclusive te agita la respiración; te desesperas, te entra el miedo... y casi de manera subconsciente te viene ansiosamente a la cabeza el plan **"F"**: **f**e. Tan solo te encomiendas a Dios o a "la vida", y te entregas en las manos de los paramédicos, dispuesto a todo con tal de liberarte del dolor. Una inyección intravenosa colocada con el conocimiento de los expertos es la que le devuelve el sosiego a tu cuerpo. El dolor se va, el adormecimiento viene; cierras los ojos y te dejas llevar por el reparador descanso.

Cuando despiertas, te enteras de lo que pasó con tu estómago. Está muy delicado y debes no solo pasar por una dieta estricta, sino que debes cambiar radicalmente la forma de alimentarte, porque en los análisis se han detectado complicaciones que han afectado a otros órganos, cuyo desempeño depende de lo que comes, de tu estado emocional y de tu estrés. O cambias tus hábitos o te mueres. No hay otra.

Bueno. Vamos a suponer que has sido un paciente "consciente".

Le has hecho caso a tu doctor; te has comprometido contigo mismo y te has curado por completo. Has tenido que ser selectivo con los alimentos y además que te has nutrido con lo mejor y lo más saludable para tu organismo. Fueron tan solo unos cuantos días que estuviste llevando el dolor y solamente atinabas a aguantarlo, esperando a que se te pasara, pero el dolor fue más fuerte que tú.

¿SABES LO QUE CREES?

El dolor era el resultado de un gran daño dentro de ti; y no obstante lo seguías "sobrellevando" hasta que llegó el momento en el que te diste cuenta de que no podías seguir así. No era sano; no podías llevar tus días de manera normal. No era agradable tener la gran cita de tu vida con un dolor de estómago en medio.

No se podía disfrutar de la compañía de los amigos con ese malestar constante; no se podía ni disfrutar de la comida que tanto te gustaba. No podías trabajar en paz; tampoco podías dormir tranquilo. Todo el tiempo con ese dolor. Tuvieron que pasar varios días para que decidieras acudir por ayuda. ¡Varios días!

Muchos te dirían *¡Qué locura! ¡Cómo se te ocurrió esperar tanto! ¡Con la salud no se juega!*

Lo único que conseguiste fue empeorar tu cuadro clínico, que surgieran más complicaciones, que más órganos se vieran afectados y que tu vida misma resultara afectada. Recién tras varios días, tu sentido común de supervivencia se vio presionado por los agudos espasmos que te inmovilizaron. ¡Colapsaste!

Cualquier persona al escuchar esto o al haber vivido en carne propia una vivencia similar, puede decirte con la mayor objetividad posible: *Esto no es juego.*

El dolor es tan grande, que si fuera por ti te hubieras sacado el estómago; lo hubieras botado; pero no, no hay forma de hacerlo. Tienes que solucionar la situación en tu mismo estómago. No queda otra que curarlo y para ello tienes que poner toda tu atención, toda tu voluntad y toda tu disciplina, porque si no lo haces, este se enferma y duele nuevamente. Y no solo duele, sino que puede traer serias y fatales consecuencias.

Ahora que ya sabes lo que es un feroz y peligroso dolor de estómago, sabes que tu vida está en juego. Te fijas muy bien en el alimento que ingieres. Tu alimentación se basa ahora en una dieta saludable, en un estilo de vida saludable; y ese estilo de vida saludable ha hecho que seas fuerte y que ya no tengas más problemas con tu salud. Es decir, eres una persona sana que, después de haberse "reprogramado", puede disfrutar de todo aquello que ese "dolorcito" no le permitía disfrutar.

Mente sana en cuerpo sano también significa un alma sana y un espíritu sano.

Después de todo lo expuesto, si tuvieras un repentino dolor de estómago, tomarías las cartas en el asunto de manera inmediata. Ya no solo pensarías únicamente en aliviar el dolor, sino en buscar su origen; y, sobre todo, tendrías mucha más atención en la prevención. Por salud. Física, mental, y emocional.

Ahora te planteo algo:

¿Qué sucede si tienes los mismos síntomas a nivel "sentimental" o a nivel "existencial"? Vas a hacer exactamente lo mismo: vivir con dolor. Solo que más tiempo. Vas a optar por alguna "infusión" que te ayude a digerir la situación; y si no lo logras, buscarás un calmante para que el corazón ya no te duela más; con la diferencia que este "dolor" no lo aguantas por una semana, sino que lo tienes por meses y hasta años. Se vuelve crónico; las pastillas solo lo mantienen controlado y te acostumbras a vivir así.

Necesitas de las pastillas para calmarte, pero no has cambiado tu alimentación; sigues "alimentándote" de pensamientos negativos y de pensamientos tóxicos. La culpa, la tristeza, el rencor o la frustración son el pan de cada día de tu mente.

El resultado: dolor que deriva en sufrimiento.

Así como no puedes sacarte el estómago ni el sistema digestivo, tampoco puedes sacarte "el corazón"; tienes que curar el corazón mismo que te está doliendo. No por lo que te hicieron, sino por cómo alimentaste tu mente con los pensamientos que te hicieron daño. Ingeriste comida que te dañó el estómago; comida que te permitiste consumir, sea por desconocimiento o a sabiendas del daño que te produciría. La comida estaba ahí, con todos sus defectos, pero fuiste tú quien decidió y dio un paso más al momento de consumirla.

Pero eres tan inconsciente que igual la consumes; no te das cuenta —ni le das la importancia— de que te está haciendo daño poco a poco, día tras día; y como solo algunas veces duele (nada que no se calme con un "analgésico"), sigues adelante.

Lo mismo pasa a nivel emocional. Detectaste inmediatamente "lo que te hace mal", pero piensas que no es tan importante, que es normal, que "así es la vida" y que posiblemente no sea nada que no se pase con algún tipo de "analgésico". Hasta que la cosa explota y quieres sacarte el desgarrado e incomprendido corazón o sencillamente quieres "morirte" ahí mismo.

También pasas por los planes B, C, D, y F.

B: **b**uscar algo que te haga digerir esta situación; que alguien te explique por qué las cosas te están saliendo de esa forma. Tú ya sabes qué es lo que te hace daño, ya sabes lo que no es saludable para tu estabilidad emocional, lo sabes muy bien; pero aún así, "no lo comprendes", "no entiendes" a tu pareja (o a la situación) y tampoco por qué te ocurre eso. Masticaste muchos malos humores; te tragaste más de una cosa que no te gustaba ni te hacía bien. La consecuencia: un malestar emocional que tratas que se pase, y que alguien te ayude a digerirlo porque tú no puedes hacerlo por cuenta propia.

Pero los días siguen así y ese dolorcito te molesta cada día más. Así que plan **C**: necesitas un **c**almante. No importa cómo; solamente quieres que el dolor que te perturba el corazón se calme. Estás dispuesto a todo, desde consumir alcohol, drogas, sexo, hasta darte baños de ruda, retama, y romero. Lo que sea. *No aguanto este dolor, ¡no puedo dormir!* Te pones más intolerante; plan **D**: **d**esaparecerse, **d**esconectarse, **d**ormir, **d**istraerte el **d**oble. Más radical. Obviamente no te dura mucho y piensas en el plan **E**: **e**mergencia; es decir, psicólogo, psiquiatra, gurú, chamanes, libros, Reiki, Flores de Bach, Constelaciones Familiares, etc.

Te va bien por un tiempo; has experimentado más alivio. Incluso te pones más optimista, pero de la nada aparece el dolor aumentado y corregido. ¡Y tú que pensabas que ya lo habías superado! Pues no. No te diste cuenta de que seguías consumiendo alimentos mentales (y físicos) nocivos. Te habías aferrado a un paliativo, a una mejoría eventual, pero no a una curación definitiva.

Con el desánimo por tu reciente, desventurada, desagradable y subconsciente crisis, surge en horizonte el plan **F**: **f**e. *Que sea lo que Dios quiera.* Que se apiade de tu dolor; aunque en casos extremos hasta piensas en la posibilidad de cambiar de Dios; un Dios que sea más benévolo con tu destino.

Has buscado todas las formas de calmar este dolor, pero no curarte radicalmente. Únicamente trataste de cambiar tu conducta, pero nunca se te ocurrió cambiar tus creencias. Y al no cambiar tu forma de pensar sobre la vida, pues tu vida tampoco tiene por qué cambiar. Continúas en el vicioso círculo de sentir, pensar y rumiar el dolor.

¿Por qué no usar el sentido común y el de la supervivencia como con el dolor de estómago? ¿Por qué no ser consciente de la calidad de la comida mental que ingieres, pasar lo más pronto posible la molestia, y volver a ser una persona sana?

¿Por qué no te permites hacer eso con tu dolor emocional, cuyo descuido es igual de peligroso para tu integridad? Los dolores emocionales (que incluyen enojos, por ejemplo) no los quieres abordar; no te responsabilizas de ese dolor (en este caso, no físico); pero que sí puede derivar en una enfermedad. No asumes ese *dolor-enojo* como algo que debe ser curado inmediatamente.

Si tu pareja hace algo y te enojas, ¿qué es lo primero que puedes pensar mientras te hierve la sangre? Tal vez ¡*Vete!* ¡*Sal de aquí inmediatamente!* ¡*No quiero verte!*

Eso no puedes hacer con tu estómago. No puedes. Todo lo contrario. Buscas primero un inmediato alivio y, segundo, una curación efectiva, rápida y sobre todo perdurable. No puedes darte el lujo de "resentirte" con tu estómago. Se trata de tu salud.

Pues tampoco puedes darte el lujo de resentirte con tu *dolor-enojo*, con tu *dolor-crisis*; sea con tu pareja o contigo mismo en el aspecto existencial. También se trata de tu salud.

Te alimentaste de recuerdos dolorosos, de resentimientos, de amargura, de frustración, y lo haces durante semanas, meses y hasta años. Tus pensamientos y tu forma de ver las cosas son lo que está causándote el dolor; y si te causa dolor, ¿por qué sigues haciéndolo?

Cuando has ingerido comida basura y te da un tremendo dolor de estómago, lo primero que piensas es buscar una solución para curarte. No dices "tengo diarrea, tengo muchos gases en el estómago, me duele. ¡No lo soporto, prefiero suicidarme!".

Con el dolor emocional sí piensas eso; inclusive en el primer día de tu frustrante decepción: ¡*Me quiero morir!*

Es curioso que cuando tienes un dolor físico sea el instinto de supervivencia el que prime, a diferencia de tu dolor emocional que activa en ti una tendencia autodestructiva. En ambos casos se trata de dolor, y a nadie le gusta eso.

Hay gente que se acostumbra a vivir con el dolor; se acostumbra a vivir enferma; prefiere el paliativo a la cura, ya que su zona de confort es más importante. No tiene ni la voluntad ni el deseo de cambiar un alimento sabroso por uno saludable. Total, *igual todos moriremos algún día.*

Y para el colmo de males, hay quienes gustan de sentir dolor, de infringirse dolor. Es una forma de sentirse mártir. Además que es "normal" justificar tu malhumor y tus actitudes diciendo que has tenido un mal día. Esperas incluso que la gente sea delicada contigo; que tenga mucho cuidado al hablarte. Es más, hasta esperas una disculpa de su parte por no entender que tuviste un mal día y porque además estás atravesando por un mal momento emocional. ¡Deben tenerte consideración y respeto!

Te hace daño, te duele, y encima le das cuerda cada vez que puedes hacerlo. Llevas esa pesada mochila a todas partes; veinticuatro horas al día, siete días a la semana; hasta que se vuelve parte de ti.

¿Te parece exagerado? Pues simplemente recuerda tus heridas emocionales. ¿Dolorosas, verdad? ¿No quieres volver a sentir eso, verdad? ¿Ojalá no vuelvas a vivir esa decepción, verdad?

Si respondes *"ojalá"*, significa que estás dejando tu vida en manos de tu suerte y del tóxico alimento mental (o físico) que consumes. Como te darás cuenta, ese dolor sigue ahí. Anestesiado. Encapsulado. Pero ante el primer detonante, vuelve a activarse.

No dudo que pienses que el dolor "es parte de la vida". Pues sí, pero el sufrimiento es opcional. El sentido común también es opcional. Que obvies las consecuencias... es tu opción. Libre albedrío.

¿Para qué repetir una conducta o una forma de pensar que te causa dolor? ¿Porque así es tu carácter? ¿Así es tu religión? ¿Así te educaron? Imagina esta situación: si como parte de tu educación comes comida chatarra que te hace daño, te darás cuenta con el tiempo de que esa educación alimentaria que te inculcó la familia no es de lo más aconsejable. A tus educadores tal vez no les haya afectado tanto como a ti, pero a ti te hizo un tremendo daño.

Luego, la pregunta es, ¿vas a seguir con esa comida chatarra que tanto te daña solo porque así te educaron?

Pues piensa eso a nivel de educación y cultura "emocional", de "salud mental".

¿Dónde queda el sentido común? ¿En la "cárcel del qué dirán"? ¿En la cárcel de tu cultura, de tu religión? ¿Aunque te duela y te vayas destruyendo poco a poco? ¿Por qué haces eso? ¿Qué es? ¿Masoquismo? ¿Victimismo? ¿Voluntad de Dios? ¿Negligencia emocional?

Tal vez ni eso puedas contestarte.

Solo te preguntas una y otra vez "¿por qué me pasa esto?".

¿Sabes por qué?

Porque no eres tú.

Uno no se frustra por las acciones de una persona, se frustra por las altas expectativas que se hizo de esa persona.

NO ERES TÚ

Casi el 100% de la humanidad quiere un mundo mejor; sin enfermedades, sin depresión, sin delincuencia, sin pobreza, sin guerras; sin estas llagas que afectan a la humanidad. Es por eso por lo que el 99% de las personas y el 100% de las Miss Universo desea la paz mundial.

Las grandes instituciones internacionales invierten millones de dólares en esta lucha. Se paga mucho dinero por "negociadores" de paz; se invierte mucho en seguridad ciudadana, en estabilidad social.

Pero el 99% del origen de la violencia, de la delincuencia, de la guerra, de la desigualdad tiene un mismo origen: una persona común y corriente que no está bien.

Sea por frustración, miedo, culpa, odio, etc., todas estas emociones enfermas surgen de lo que crees de la vida; de tus juicios; de lo que juzgas. No importa la nacionalidad, la edad, la condición social o el género; a todos nos pasa lo mismo.

A veces te preguntas: ¿Por qué soy así? ¿Por qué a veces me frustro? ¿Por qué tengo miedo, culpa, odio? ¿Por qué soy débil, rencoroso, depresivo?

La respuesta es muy sencilla:

Porque no eres tú.

Y porque además eres parte de un inconsciente colectivo al que aportas con tus pensamientos y energía todos los días y que, a su vez, recibes del mismo aquello que te causa daño. Es un círculo vicioso.

Todas estas emociones enfermas surgen de lo que "crees" de la vida, de tus juicios... Carl Jung decía: "Pensar es difícil, por eso la mayoría prefiere juzgar". Entonces, podríamos decir que juzgar es una reacción, una respuesta inconsciente.

Algunos te dirían que eres reactivo porque tu carácter es el resultado de sentir y pensar de manera memorizada hasta que se convierte en algo automático, y por eso reaccionas sin pensar.

Otros te dirían que no eres tú, sino tu programación. Tu programación es tu cultura, tus costumbres, tu religión, tus paradigmas. Así te programó la sociedad.

A su vez, también te dirían que juzgas así, que reaccionas así, porque lo grabaste en tu mente subconsciente a eso de los seis años de edad cuando no tenías la capacidad de discernir, y grabaste todo aquello que experimentaban de la vida tus padres y la gente de tu entorno; haya sido bueno o no tan bueno.

Vives un 95% de tu tiempo en modo subconsciente. El 95% de tus pensamientos son "reactivos" e inclusive tu libre albedrío es una conducta memorizada que escuchaste de terceras personas desde cuando eras niño.

Por eso reaccionas así; por eso eres emocional, por eso juzgas a la gente. "Piensas" de memoria.

También podrían decirte: *Uno no juzga las cosas por lo que son, sino por cómo uno es.* Y, en este caso, uno es como es su vivencia; como es su experiencia, sus paradigmas, sus programaciones.

Por supuesto, pueden decirte que tu perspectiva de vida crea tu percepción de lo que llamas "tu realidad"; y esa tu percepción tendrá como resultado una experiencia determinada, la cual pensarás que es tu verdad.

Vuelvo una vez más a Carl Jung que decía: "Hasta que lo inconsciente no se haga consciente, el subconsciente seguirá dirigiendo tu vida y tú le llamarás destino".

¿SABES LO QUE CREES?

Mucha gente atribuye a su destino los peores momentos de su vida; piensa que su destino era sufrir, vivir decepciones, tener mala suerte.

También lo atribuyen al Karma.

— Me va mal en la vida; seguramente algo estaré "pagando".

Otras personas cargarán *la pesada cruz* que Dios puso sobre sus hombros. Dolor, frustración, decepción, culpa, odio, resentimiento; y todo esto se convierte a gran escala en discriminación, drogadicción, racismo, alcoholismo, enfermedades, violencia intrafamiliar, violencia social, sufrimiento…

Y luego te preguntas de manera ingenua: *¿Por qué el mundo está como está?*

Nos enfadamos porque estamos experimentando una reacción automática, resultado del pensar y sentir de manera memorizada.

Alguien diría por ahí que sufrir es no entender. Probablemente contestarías:

— ¡No hay nada que entender! Esa persona se ha portado mal, me ha hecho esto, esto y esto. Me dolió. ¡Me hizo daño! ¡Por eso sufro! ¿Qué hay que entender? ¿Sus razones? ¿De qué sirven si el daño ya está hecho?

Sí piensas así, es porque otra vez has caído en ese 95% de modo reactivo automático. Caíste nuevamente en juzgar y dejarte llevar por la forma y no por el fondo.

En el sexto tomo del libro *El Ser Uno* (Franca Rosa Canonico de Schramm) dice: "Generalmente ustedes analizan sus emociones-negativas-enfermas con la razón y la lógica y eso no es correcto, porque de esa manera solo están utilizando el lado izquierdo del cerebro —interrumpió el hermano Seramita— Las emociones no lo pueden entender racionalmente, deben ser analizadas también con el hemisferio derecho, donde existe la compasión, la ternura, la flexibilidad, etc. Estas cualidades harán el trabajo de sopesarlas con profundidad y compasión. Al hacerlo de esta manera dejarán entrar el amor en el alma y es este sentimiento elevado el que filtrará y separará lo esencialmente necesario para el espíritu".

Y cuando estás conectado con el espíritu, con esa Inteligencia

Superior, es que empiezas a ver la vida desde otra perspectiva. Te doy un par de ejemplos para que te des cuenta de cuándo y porqué no eres tú.

¿Has escuchado alguna vez el término locura temporal? Es una pérdida momentánea de la razón. No eres dueño de ti mismo; esas emociones te sacan de tu centro y dejas de ser tú.

O para verlo de otro lado: ¿Alguna vez has tenido un ataque de pánico? Si conoces a gente que ha tenido ataques de pánico sabrás lo serio que es esto. Te paraliza, estés donde estés. Pierdes el control; dejas de ser tú.

¿Qué me dices de un ataque de ira? Obviamente no eres tú.

Reflexiona en esto: ¿Qué pensarías si a un gran querido amigo tuyo, muy buena persona, muy tranquilo, le da por alguna razón un ataque de ira, y en esa demencia le causa un serio daño a alguien?

Lo primero que pasaría por tu mente es la incredulidad, porque tú conoces la tranquila naturaleza de tu amigo. Pensarías inclusive que se trata de una confusión, que se trata de otra persona, ya que él es incapaz de hacer algo así.

Pero cuando lo confirmas, sencillamente no lo entiendes; te sorprende que haya tenido un ataque de ira y, a su vez, te causa compasión esta excepcional y difícil situación que ha tenido serias consecuencias.

Tú que lo conoces hace muchos años, sabes que no era él, que no estaba en sus cabales. Tenía simple y excepcionalmente un incontrolable ataque de ira. No lo juzgas. Lo comprendes pese a la desgracia que causó; pero quien no va a entenderlo es la mamá de la persona agredida. Ella te dirá: "¡No hay nada que entender!". Ese "desgraciado", ese "criminal" atacó y asesinó a su ser querido.

La madre de la víctima ve la forma.

Tú, el fondo

La madre reacciona.

Tú observas.

La madre no lo entiende.

¿SABES LO QUE CREES?

Tú lo comprendes.
La madre odia al asesino.
Tú lo compadeces.
La madre está cegada y envenenada por el dolor.
Tú lo ves con claridad.
La madre usa el lado izquierdo de su cerebro.
Tú, el derecho.

Para la madre, hubo una irreparable, dolorosa e injusta pérdida. Para un espiritualista, la simple y natural culminación de una estancia en el plano físico de un alma en constante crecimiento.

Y así como hay ataques de ira, hay ataques de odio, de tristeza, de frustración, de distintas intensidades que se apoderan de tus pensamientos y de tus actos. Dejas de ser tú; dejas de ser lo que eres en esencia. Mientras estés atrapado por esas emociones enfermas, no eres tú.

Cuántas veces uno reacciona de manera que no comprende por qué lo hizo; solo se dice a sí mismo *no era yo, yo no soy así.* Lo mismo puede ocurrirle a la persona que criticas y juzgas.

Cuando tomas ciertas drogas, ciertas sustancias, te intoxicas. Los tóxicos a través de tu torrente sanguíneo llegan a tu cerebro y pierdes la lucidez, la consciencia, el juicio. Puedes volverte agresivo, puedes tener alucinaciones.

Una clara muestra es cuando tomas alcohol y te pones borrachín. Cuando estás borracho te vuelves poeta, te vuelves bailarín, te conviertes en Shakira… en charro mexicano… Y obviamente te prestas a hacer semejante papelón porque no eres tú. Ahí te das cuenta cómo estas sustancias te afectan de tal manera el cerebro, que no sabes lo que haces pese a que "crees" que tienes el control de la situación.

Voy a darte un ejemplo más: esta es una muchacha que acaba de terminar una relación y que para "superarlo" y salir de su depresión, decide ir a despejarse a una discoteca con las amigas. Pero tres horas después… llanto de por medio, alcohol de por medio, Shakira de por medio… después de haber pasado por veinte estados de ánimo diferentes... después de haberle escrito varios mensajes al Whatsapp del ex novio porque está "consciente" de lo que hace... nunca se dio cuenta de lo que realmente estaba haciendo.

Y cuando ve sus *selfies* al día siguiente... Su rímel chorreado... su lápiz labial escurrido como el del Guasón... se le corrió la media... se le rompió el taco... perdió la cartera... Además que puede apreciar la gran diferencia entre las primeras y las últimas y eufóricas fotos tomadas la noche anterior.

Y se dice a sí misma... *¡Nunca más vuelvo a emborracharme!*

Obviamente, hizo todo aquello porque no era ella.

Y lo mismo le pasa al hombre que por las mismas razones se lanzó a un bar, y que despierta de madrugada abrazado al mesero junto a otros borrachos botados durmiendo la mona.

El alcohol y las drogas realmente te descontrolan, te pierdes de ti mismo, dejas de ser tú; inclusive hasta el extremo de poner en peligro tu vida y la de los demás. Así de extremo puede ser el efecto de un cerebro intoxicado. Lo mismo pasa cuando estás enojado, cuando estás triste, cuando sientes rencor, tampoco eres tú. Obras creyendo estar consciente de lo que dices y haces, pero no es así.

Incluso a manera de defensa puedes decir: "No estaba borracho, estaba *chispeado"*, pero cualquiera te miraría con la misma desconfianza. No te harían caso porque igual estabas bajo la influencia del alcohol, aunque hayas dicho que estabas "solo un poquito" borracho. Lo mismo pasa con las drogas: no hay aquello de "estaba un poquito" drogado.

Basta que estés un "poquito" ebrio o un "poquito" drogado, para que los de tu alrededor sepan que no estás del todo bien y que no estás obrando de la manera en que lo harías con una mente despejada. Y lo mismo, exactamente lo mismo, pasa cuando estás "un poco enojado", "un poco triste", "un poco envidioso". Desde el punto de vista químico de tu organismo, hay sustancias que te están afectando igualmente; químicos que afectan a tu "homeostasis mental y emocional", y dejas de ser tú. También te pones agresivo, también te pones eufórico, también pierdes el control y después te reprochas a ti mismo: "¿¡Qué hice!?".

¿SABES LO QUE CREES?

Esos químicos "tóxicos" alteran tus pensamientos; y tus pensamientos afectados generan, a su vez, otros químicos en tu cuerpo que provoca aun más reacciones físicas. Un pensamiento que produce un gran enfado hace que se te suba la presión, que se te acelere el ritmo cardiaco o te causa una acidez estomacal.

Te has hecho daño con tus propios pensamientos.

Cuando un borracho te ataca, es porque está intoxicado por los químicos que le alteran el cerebro. Tú entiendes que no está obrando de manera normal porque sabes que no está en sus cabales; simplemente no le haces caso. De la misma manera, si una persona "sobria" se pone agresiva y te ataca, es porque se ha salido de sus casillas debido a que también está "intoxicada". No se ha intoxicado con alcohol, pero sus pensamientos iracundos y tóxicos generan, por ejemplo, cortisol y testosterona, y su sistema nervioso se ve afectado. Pierde su estabilidad, por eso te ataca. Ha perdido el equilibrio.

En ambos casos dejas de ser tú. Tienes la cabeza "intoxicada", pero lo peor de todo es que no lo sabes. Tomas esta intoxicación como parte de tu forma de ser. De ese mismo modo, hay gente que causa daño porque tiene pensamientos tóxicos; están drogados por la rabia, drogados por la culpa, drogados por el resentimiento, por el dolor, por el egoísmo…

No discutes con un borracho porque sabes que no es él; sabes que no hay que hacerle mucho caso porque está ebrio y prefieres no perder tu tiempo. Entonces, ¿por qué discutes con una persona que está ebria de dolor, ebria de enojo, ebria de rencor? Pisas el palito; discutes con alguien que tiene la cabeza "intoxicada", encima de eso, tú también empiezas a "intoxicarte", y entonces, ¡se arma la grande!

Recuerda: para que haya una discusión debe haber como mínimo dos personas. Basta que uno se retire y ahí acaba la cosa; no más oportunidad para seguir "intoxicándose".

Una buena manera de darse cuenta de la inconsciencia (de aquellos momentos en que dejas de ser tú), es cuando te expresas con "palabrotas". Cuando lo haces, es porque estás condicionado a reaccionar de una manera determinada ante algún tipo de estímulo en específico. Solamente "se te sale" la palabrota de manera "natural"; no eres consciente del lenguaje que empleas para expresarte. Únicamente respondes en modo automático con este tipo de reacciones expresivas.

Luego, es más fácil comprender la situación de fondo por la que atraviesa la Humanidad; por qué tanta violencia, tanto terrorismo. Cuando alguien te agrede, simplemente no sabe lo que hace; su mente está envenenada. Intoxicada literalmente.

¿Quiénes somos para juzgar a los demás? Todos hemos sido víctimas del entorno al cual también aportamos con nuestros actos reactivos e inconscientes.

*Lo que te hace feliz o infeliz,
no es lo que tienes,
o quién eres,
o dónde, cómo y con quién estás,
es simplemente lo que piensas.*

¿QUÉ PASA CONTIGO CUANDO PIENSAS?

¿Qué pasa dentro de ti cuando piensas? Demos un breve vistazo. En el momento en que te enfadas con alguien y te pones agresivo, a tu cerebro no le importa a quién le estás gritando, a quién estás odiando o por qué lo estás haciendo. Tu cerebro simplemente genera cortisol y testosterona, afectando a tu equilibro físico. Si tienes recuerdos estresantes, se liberarán en tu organismo distintas sustancias como adrenalina, cortisona o ácido hidroclórico, que, a su vez, puede causarte una buena acidez.

A tu cerebro no le importa si tienes la razón o no. No le importa que no tengas la culpa; no le importa el porqué de tu rabia, solo hace que se genere bilis. A tu mente no le importa si tienes a la persona enfrente de ti, si es tan solo un recuerdo, o si la estás imaginando. Tu mente vive en un eterno aquí y ahora a nivel cuántico y tu cerebro vive en un eterno aquí y ahora a nivel químico. Para tu cerebro, rabia es rabia; sea recordándola en el mayor de los silencios o expresándola a gritos.

Al momento de pensar con cierta carga "emotiva", tu cerebro genera determinados químicos, los cuales, a su vez, contaminan a tu propia mente generando nuevos pensamientos y nuevas reacciones.

Tus pensamientos te llevan a tener determinadas experiencias que crean en ti emociones; y estas emociones generan nuevos pensamientos que refuerzan nuevamente a estas emociones.

Lo intangible (un pensamiento) genera una reacción química en tu cuerpo, adrenalina por ejemplo; y esta adrenalina (algo químico) genera una reacción física e intangible a la vez. En lo físico, repercute en el sistema nervioso, y en lo intangible, repercute en los pensamientos de la mente. Esto crea una nueva vivencia, una nueva experiencia, y crea un nuevo punto de vista o refuerza uno anterior.

A tu cerebro no le importa que insultes y grites con toda tu ira a una persona porque piensas que tienes la razón o porque estás "desahogándote"; no le importa si es justo o injusto; no le importa que seas inocente; simplemente "fabrica químicos" correspondientes a esos pensamientos que derivan en un daño al propio organismo de la persona vociferante. En este caso: tú.

Tu cuerpo se vuelve ácido, se dañan tus células, se te alteran el sistema nervioso y el sistema inmune, y un sinfín de consecuencias tan solo porque al fin le dijiste en la cara esas cuatro verdades merecidas a ese desgraciado infeliz. Al agredir a alguien, es tu cuerpo el que sufre inmediatamente las mayores consecuencias.

Cuando te pones venenoso criticando verbal o mentalmente a alguien, tu cerebro "asume" que se trata de ti porque esa crítica nació de tu mente, se desarrolla en tu mente y se queda en tu mente. Y esa mente hace que el cerebro active los químicos que han de ser vertidos al torrente sanguíneo de tu propio cuerpo y no en el de la persona a la que estás criticando. Es un autosabotaje.

La buena noticia es que cuando tienes pensamientos alegres, amorosos, positivos, o cuando eres amable con alguien, cuando hablas bien de alguien, cuando le sonríes a alguien, cuando haces las cosas de corazón, cuando haces un regalo con amor, pues tu cerebro tampoco diferencia a quién te diriges; solo vierte dopamina en tu sangre, una sustancia que te brinda bienestar, que te aporta en lo concerniente a la mejora de tu capacidad de atención, y, por tanto, que te ayuda en tus procesos de aprendizaje.

También se produce oxitocina, vasopresina, endorfinas y una serie de sustancias que fortalecen tu sistema inmune, que te brindan equilibrio emocional, que te brindan alegría, que fortalecen tu organismo.

¡Que te curan!

De la misma manera en que un pensamiento tóxico hace que "dejes de ser tú", lo que comes es también algo que te afecta. Tu organismo no sabe si se trata de una comida carísima ni quién la cocinó o si estaba en oferta Para tu cuerpo es solo "química": favorable o desfavorable, y que repercute también en lo intangible; en tus pensamientos, en tú ánimo. Ingerir algo inadecuado también hace que no seas tú.

Cuando tomas agua, a tu organismo no le importa ni su origen ni su precio, solamente se fija si esa H2O es ácida o alcalina, si trae minerales, etc. El cuerpo recibe un cargamento químico, al cual analiza, escoge, procesa, aprovecha, combate o elimina. Nada más.

Muchos de nuestros cambios de ánimo se deben a los "alimentos" que ingerimos; a los productos procesados que de manera muy ingenua consumimos, sin saber los efectos que causan los insumos con los que fueron fabricados. Un breve ejemplo: La tartrazina, también conocida con el código E102, es un colorante artificial ampliamente utilizado en la industria alimentaria. La encuentras en jugos, mermeladas, dulces, helados, etc., y es la causante de la hiperactividad en los niños, sin contar un sinnúmero de otras consecuencias.

O sin ir más lejos, el azúcar, que es más adictivo que la misma cocaína. Hay gente que no puede pasar el día sin comer algo dulce, sino no se siente bien. La ausencia de azúcar te causa ansiedad; y, al no saber el origen químico de tu ansiedad, empiezas a darle vueltas a la cabeza, generando pensamientos no precisamente positivos.

Pero nunca te diste cuenta de que el origen del problema estaba en el azúcar.

Del mismo modo, hay alimentos que te ayudan: dos puñados de castañas de Cajú equivalen a una dosis del antidepresivo prozac; o la valeriana, que te ayuda a combatir el insomnio, el estrés, la ansiedad, la depresión o la hiperactividad... ¡Nuestros pensamientos reaccionan con química!

~ ~ ~

¿Y qué pasa fuera de tu cuerpo con lo que piensas?

Ya hemos visto lo que pasa dentro de ti a nivel químico y cómo esto te afecta física, mental y emocionalmente, haciendo que obres a veces de una manera tal, que no eres tú porque estás "intoxicado", "contaminado"...

Ahora veamos las cosas que generas externamente como resultado de tu forma de pensar y sentir:

Un electroencefalógrafo es un aparato que grafica la actividad bioeléctrica cerebral al que estás conectado a través de electrodos colocados en tu cabeza. Pues sí, también funcionamos con electricidad; nuestro cuerpo produce y funciona con electricidad. Sin embargo, y tan solo por mencionar un ejemplo, existe una técnica llamada magnetoencefalografía, la cual utiliza un magnetómetro alrededor de la cabeza (sin tocarla), para registrar las estructuras cerebrales y sus funciones.

Esto significa que cuando nuestro cerebro procesa información emitimos campos magnéticos (y también otros tipos de energía).

En el momento en que sabemos que nuestros pensamientos generan campos magnéticos, estamos hablando de que nuestros pensamientos —algo aparentemente intangible— son también físicos y, por ende, tendrían también que afectar al entorno físico que nos rodea. Los campos magnéticos son producidos por cargas eléctricas en movimiento; no los apreciamos a través de nuestros ojos, pero sí son "medibles" con la tecnología adecuada. Generamos energía, vibración, color, luz, ondas eléctricas, ondas magnéticas...

¿Y sabes cuándo puedes percibir de manera consciente esas ondas?

Pues cuando te topas con una persona "mala onda", "mala vibra"; que su sola presencia te indispone, te afecta.

¿Qué es aquello que te afecta positiva o negativamente de una persona con tan solo verla?

La respuesta más común: "Es su energía".

Es algo que percibes, que sientes. ¿Ahora entiendes eso del magnetómetro? Y mira que no hemos hablado de máquinas como la Kirlian que fotografía el campo energético de las personas: el aura de las personas. En realidad, fotografía el campo energético de todo ser "vivo". Gracias a esta particular cámara fotográfica, puedes comprobar y ver a colores, la buena ola mala "onda" que estás experimentando.

Si has sido capaz de sentir esa energía, es porque estaba en el ambiente. Seguramente has escuchado de ambientes pesados, muy "densos", con mala vibra. A veces vas a ciertos lugares y te da escalofríos; generalmente, estos lugares tienen como referencia sucesos trágicos acaecidos "mucho tiempo atrás".

Imagínate, por ejemplo, cómo era esta "vibra" en un campo de concentración, de exterminio. ¿Qué crees que es lo que te produce esos escalofríos? Tal vez digas que es el dolor, la desesperación y la angustia de los sacrificados. Pues sí. Tendría lógica sabiendo que nuestra energía es emanada al ambiente todo el tiempo, ¿no es cierto?

¿Pero cuál es la fuente de vida de esa energía?

Los pensamientos de esas personas que estuvieron allí. Pensamientos que se transformaron en emociones, en angustia, en pánico… Y puedes sentirlo.

Vayamos más allá. Imagina qué es lo que se sentía en un gueto; por ejemplo, en el de Varsovia. Durante la Segunda Guerra Mundial, los guetos eran barrios donde confinaban a los judíos como un lugar de transición antes de mandarlos a un campo de exterminio. Eran barrios en las ciudades de los cuales no podías salir; eran una especie de barrio-cárcel.

¿Cómo crees que era la "vibra" de ese lugar? ¿Te parece lógico que, muchos años después, el solo hecho de estar ahí puede producirte malestar? Tanta energía acumulada de odio, de dolor, de sufrimiento.

No suena muy científico lo que escribo, pero estoy seguro de que más de uno sí podría percibirlo. Si puedes sentir la mala vibra de tu compañero de trabajo, con mayor razón puedes sentir la vibra de todo un gueto, ¡todo un gueto! Es decir, de todo un barrio y de sus miles de habitantes hundidos en el miedo, el odio, la desesperación y la desesperanza.

Seguro no sería agradable permanecer allí.

Y de la misma manera, encuentras lo contrario. ¿Dónde? En un templo; y más aún si tiene centurias. Tanta oración durante tantos siglos hace que ese recinto te invite a la calma, a encontrar un descanso para tu mente y alma (aunque no seas un creyente).

La gran diferencia entre esos dos ambientes es simplemente lo que pensaban y sentían las personas que estaban ahí; la energía que dejaron, consciente e inconscientemente. Ojo que no he tocado el aspecto de "otras" influencias tales como "seres", "fuerzas", "almas", y tampoco hablo de la energía que se queda en los lugares donde hay sufrimiento animal, etc.

Se ha realizado varios estudios en los que, gracias a la oración (o la meditación) de algunos voluntarios, bajaba la delincuencia en los lugares por los que se oraba. Sin embargo, estos índices de delincuencia volvían a subir una vez que la oración cesaba. Estos voluntarios impactaron en la sociedad con tan solo tener su atención enfocada en algo. No era un milagro, sino una energía dirigida a algo y con un determinado objetivo. Por este motivo, en el momento en que los voluntarios dejaron de orar, la delincuencia volvió a subir.

Nuestros pensamientos, sean conscientes o no, afectan de manera directa e instantánea a nuestro medioambiente. Esos intangibles pensamientos que afectan a nuestro cuerpo también pueden afectar a otras personas y a la materia misma. Es aquí que entramos en el terreno de la física cuántica; aquí entendemos la influencia de las oraciones y de las meditaciones por la paz, por la salud, por el planeta...

El físico Larry Dossey que escribió el libro *Palabras que Curan* en el año 1993 habla justamente sobre el poder curativo de la plegaria en la práctica de la medicina. Él comenta sobre los varios estudios que se hicieron clínicamente al respecto e indica que no solo era efectiva en las personas (ya que podía pensarse que se trataba de un placebo), sino que también menciona el positivo efecto de las oraciones en animales, en plantas, y en bacterias.

No había lugar para la "sugestión" ni para el efecto placebo en estos últimos ejemplos.

Cuando Larry Dossey habla de oración (plegaria, rezo) no se refiere a connotaciones religiosas, sino como un sinónimo de intención; de una comunicación y sintonía con lo Absoluto (dios, diosa, Universo, lo que fuere).

Cuando le dan a alguien una medicina placebo, está claro que se cura porque cree en un fármaco que no sabe que es falso. Su certeza en ese supuesto medicamento hace posible que se sane. No es fe, no es convencerse; simplemente está tranquilo porque sabe que su cuerpo ha ingerido lo que necesita para sanarse. Basta con ese pensamiento para que su cuerpo se regenere. No necesita hacer "afirmaciones positivas de sanidad", no necesita invocar un milagro; solo sabe que esa aspirina (que en realidad es un placebo) va a hacerle bien.

Los pensamientos no solo afectan a las personas, sino que también afectan a las cosas. Una muestra de ello son los estudios de Masaru Emoto y la influencia del pensamiento y la energía del ser humano sobre la estructura molecular del agua.

Toda su investigación fue documentada en una gran cantidad de fotografías con las que demuestra cómo cuando se dirigen pensamientos y emociones positivas como amor, paz, o alegría a muestras de agua destilada, los cristales de hielo (que se extraen del agua) adquieren formas hermosas. De igual manera, si los pensamientos o emociones tienen una carga negativa como odio, desprecio, rencor, etc., los cristales adquieren estructuras caóticas y deformes.

Toma en cuenta además que el cuerpo humano está hecho de más del 60% de agua. Realmente te aconsejo veas su trabajo en Internet.

Si tu cabeza dice *sí creo*, pero tu subconsciente te dice lo contrario, no funciona; la coherencia entre acto y pensamiento debe ser absoluta. Esta influencia nuestra sobre el medioambiente nos muestra la gran responsabilidad que tenemos con nuestro entorno más cercano, con el planeta y con la Humanidad.

Ahora piensa en esto…

¿Puedes comprender lo que se queda en tu ambiente de trabajo, en tu hogar o en tu barrio, después de todo lo que has pensado en el peor día de tu vida?

Ese día en el que estabas con tan mala vibra que te la pasaste criticando mentalmente a todo aquel que se te cruzaba en el trabajo. Criticaste la media corrida de la secretaria, además de *ese vestido tan horrible ¡y estos hipócritas de los colegas! Ayayay... ¡Si estas paredes hablaran! ¡Qué gentuza por Dios! Qué trabajo tan horrible.*

Todo ese tiempo has estado emanando tu mala onda y tu energía al medioambiente.

Y después te preguntas *¿por qué la gente es así?*

Tú también has contaminado a ese inconsciente colectivo, a ese ambiente y a quienes están ahí. El mismo ambiente laboral al que has criticado es el mismo que te retroalimenta.

En el mundo espiritual, todo se atrae por afinidad, por vibración. Así que si estás "vibrando bajo", es normal que te "contagies" o que te encuentres con situaciones o personas que estén en la misma frecuencia. Basta con observar una protesta social en la calle para ver cómo las emociones toman el control de las personas, generando una violencia contagiosa. Basta que una persona se ponga agresiva para que se "caldeen los ánimos" y todos hagan lo mismo. Las personas dejan de ser personas para convertirse en una masa no pensante, solo reactiva y agresiva.

Pues lo mismo pasa con todos nosotros a menor escala. Dejamos de ser individuos para convertirnos en parte de la masa envidiosa, de la masa chismosa, juzgadora, egoísta... De la masa agresiva que mete leña al fuego en el Facebook cuando aparece la foto del pobre político de moda, y que, además, cuantos más "me gusta" reciba tu publicación en la que lo criticas, más feliz eres. Lo único que has hecho ha sido aportar con tu "mala onda" al ambiente. Aportas a aquello que estás criticando.

Ahora reflexiona sobre todo lo negativo que siente y piensa la gente de todo el mundo. Todos estos pensamientos y emociones se manifiestan de manera colectiva en el mundo como violencia, guerras, racismo, injusticia social... Lo ves a diario en las noticias; te parece atroz, pero no te das por aludido en esta "violencia", cuando cinco minutos antes estabas metiendo calda públicamente a través de las redes sociales.

No te diste cuenta de que también te dejaste llevar por tus emociones enfermas. No eras tú. Te dejaste contaminar por el odio, el resentimiento, la envidia, por toda esa pandemia que consideras como algo "normal" y parte de la vida.

Hay gente que dice, *no se puede hacer nada en contra de eso, así que prefiero dejarlo en manos de Dios.* Hay que tener fe. Pero creo que se mezclan mucho las cosas y que se usa a Dios a conveniencia. Una vez escuché en un programa cristiano que en una de esas congregaciones multitudinarias, había una persona que decía que con su fe iba a ser salvo, que con su fe le iba a pedir a Dios que lo curara de esos hongos que tenía en los pies, a lo cual el pastor de esa congregación le respondió: "¡Sí! ¡Dios obrará el milagro en ti! ¡Te curarás de los pies! Y el Milagro se llama ¡Jabón! Úsalo con frecuencia y te curarás".

Puede sonarte hilarante, pero sucede todo el tiempo. Vas de rodillas con toda tu fe a tu iglesia para pedirle a Dios que te cure de la diabetes y, sin embargo, en tu cartera o en tus bolsillos están tus chocolates, tus galletitas, etc. Pides con toda tu fe que Dios te cure del corazón y sigues comiendo grasas.

Como no te curas, piensas que es la Voluntad Divina la que decidió no curarte y no haces un cambio en ti. Lo mismo pasa con tus "enfermedades emocionales": *Que Dios me ayude con este mi mal carácter.* Mejor empieza por usar ese jabón de la superación por propio esfuerzo. Te aseguro que Dios te mandó ese jabón. ¡Úsalo!

Posiblemente me digas:

"Muy bien. Entiendo toda la explicación. Pero más allá de eso, ¿cómo le hago? Mi vecino sigue cayéndome muy mal".

Pues bien, cuando ves a tu vecino y sientes esa desagradable sensación, es porque has vuelto a obrar en modo automático y con el veneno penetrando en tu cerebro. Otra vez reaccionaste de memoria. Vuelves a dejar de ser tú.

No reaccionas por cómo es esa persona, sino en función de tus prejuicios, de tu forma de ver la vida. Uno no juzga las cosas por lo que son, sino por lo que uno es: sus vivencias, sus paradigmas, sus programaciones, sus frustraciones, su subconsciente…

Luego, es más fácil comprender la situación de fondo por la que atraviesa la Humanidad. Cuando te hacen daño, simplemente no saben lo que hacen; su mente está "envenenada".

Al estar todos nosotros en vibraciones distintas de acuerdo con lo que sentimos y pensamos, resulta más fácil comprender por qué una persona nos "cae mal" a primera vista; nuestras vibraciones son disímiles. En general, nos topamos con personas afines a nuestra vibración; nos atraemos por lo que somos. Por eso también es más fácil comprender la armonía que reina entre personas que están sintonizadas y, más aún, si se trata de una vibración elevada.

Es muy importante que sepas "cómo funcionas"; que entiendas cómo interactúan tu mente, tu cerebro, la química de tu cuerpo y la química que introduces en tu cuerpo por medio de los "alimentos"; pero sobre todo, es importante entender que no eres tu cuerpo, sino aquello que lo anima y hace uso de él.

"Vivimos" con inseguridad solo por tratar de "asegurarnos".

MENTE – CEREBRO

Según la definición de la neurología, "la mente es el cerebro en acción"; esto quiere decir que la mente es lo que el cerebro hace, que nuestra mente se va desarrollando a medida que el cerebro se va formando y creciendo, fruto de una cognición determinada en primera instancia por los genes y, luego, por el ambiente; es decir, que somos el resultado de nuestros genes y del medioambiente. Todo eso hace que el cerebro genere la magia de la mente que conduce nuestras vidas.

Los científicos mencionan que, gracias al lóbulo frontal, nos diferenciamos del resto de los seres vivos; que lo tenemos altamente desarrollado en comparación a otras especies y que, gracias a este lóbulo, podemos discernir nuestras emociones. ¿Pero "quién" o "qué" hace "activar" al lóbulo frontal?

Personalmente, pienso que un cerebro con todas sus características morfológicas se adecuará biológicamente a aquella Inteligencia "externa" que va a hacer uso del mismo, una vez que tome posesión de ese cuerpo al momento de nacer.

Para decirlo en facilito: un alma encarnará en un cuerpo que satisfaga sus requerimientos evolutivos; esto incluye un cerebro que tenga determinadas características, entre ellas, un poderoso lóbulo frontal.

No creo que dependas de tu suerte para que un puñado de tejido neuronal maneje tu existencia en función al azar de las circunstancias y del medioambiente en el que fuiste a caer de manera "aleatoria". En otras palabras, que si naciste con genes "no muy buenos" y encima te desarrollaste en un medioambiente poco adecuado, *pues qué pena, así es la vida.*

Muchos científicos dicen que sin cerebro no hay consciencia; no obstante, muchas personas que tuvieron una muerte clínica (cerebro muerto incluido) y que luego fueron reanimadas, confirman lo contrario.

Qué mejor ejemplo que la experiencia del neurocirujano estadounidense Eben Alexander que, luego de haber vivido una Experiencia Cercana a la Muerte (ECM), asegura haber visto y viajado al Más Allá.

En el año 2008, después de siete días en un estado de coma en el que se le inactivó el neocórtex, experimentó algo tan profundo, que le dio una razón científica para creer en la Consciencia después de la muerte.

Toda la parte del cerebro que controla el pensamiento y la emoción, y que en esencia es lo que "nos hace humanos", se había apagado.

Mientras su cuerpo estaba en estado de coma y sin funciones cerebrales, su Mente, su Conciencia, estaba viva. Era consciente de sí mismo, solo que en otro plano de existencia. Mientras las neuronas de su corteza cerebral estaban en total inactividad por las bacterias que las habían atacado, su Consciencia liberada del cerebro había viajado a una diferente y mayor dimensión del universo, tal como lo afirma en su libro *La Prueba del Cielo: el viaje de un neurocirujano a la Vida después de la Muerte.*

El cuerpo humano es, desde mi punto de vista, como un coche; y la consciencia, el conductor. En este caso, y solo para fines del ejemplo citado, utilizo consciencia como sinónimo de alma.

El conductor no es el coche. Sin un conductor que encienda y ponga en funcionamiento el coche, este no sirve de nada. El coche puede llevar a un conductor a una meta, pero es el conductor el que hace uso del mismo para llegar a esa meta. La neurología convencional afirma que somos el coche mismo; un coche que depende de la calidad de sus componentes y del medioambiente donde ha sido fabricado.

¿Pero dónde queda el conductor en este ejemplo que acabo de citar? Pues el coche sería el cuerpo de Eben Alexander; y el conductor, la Consciencia liberada que viajó a una diferente y mayor dimensión del Universo durante su Experiencia Cercana a la Muerte.

Si nos referimos al famoso "Pienso, luego existo", cabría preguntar a los científicos ¿quién es el que piensa? ¿El cerebro? ¿Qué o quién está detrás del *Yo pienso*? ¿Qué o quién es esa "existencia"? ¿Un alma? ¿Un espíritu? ¿Se trata del "Ser" mismo, refiriéndonos en términos de una Entidad no terrestre?

Está claro que con los adelantos tecnológicos sabemos en gran medida el funcionamiento y los roles de cada parte del cerebro, y cómo áreas desarrolladas o dañadas afectan a la forma de conducirnos. Gracias a la ciencia, podemos ahora comprender cómo el cerebro afecta a nuestros pensamientos, emociones y reacciones.

Un ejemplo (uno típico) sobre la función de la amígdala (también conocida como nuestro cerebro emocional) en torno a la supervivencia es cuando el hombre milenios atrás se veía amenazado por un tigre. Cuando sucede una situación como esta, es la amígdala la que se activa ante cualquier posibilidad de peligro; y cuando lo hace, genera cambios en el organismo. Induce (por ejemplo) la secreción de adrenalina y cortisol; se aceleran los latidos del corazón y los músculos se preparan para huir o para luchar. Ante este inminente peligro, el cerebro da prioridad a la supervivencia y se pone en "modo automático". Uno deja de actuar de manera "razonable" para pasar a ser reactivo porque su vida está en juego. Uno deja de "pensar" para solo "actuar", guiado por el instinto de sobrevivencia.

En estos breves momentos de peligro, el cerebro "ordena" al cuerpo que la mayoría de los recursos químicos se destinen con prioridad a los músculos de las extremidades, haciendo que procesos básicos (como la digestión) se ralenticen, provocando también que el sistema inmunológico se inhiba porque la "atención de esta supervivencia" se centra en lo urgente y no en lo "normalmente básico" mientras perdure el peligro. En este lapso, tu cuerpo pierde su equilibrio, su homeostasis.

Está claro que en esos momentos no tienes la capacidad de "filosofar", de ser "creativo" o de ser "visionario". Tu cuerpo está siendo maniobrado por la parte más básica de tu cerebro, así que literalmente piensas (reaccionas) de manera automática, de manera memorizada. Tu mente y tu cuerpo están en modo "estrés".

Cuando el peligro desaparece tras unos minutos y con ello el miedo, el cuerpo vuelve a su equilibrio. Después de unos cuantos estresantes e intensos minutos de amenaza, después del "shock" y con la cabeza ya tranquila, tu cuerpo retoma paulatinamente la normalidad de sus funciones.

Ese miedo que activó ese estrés y que derivó en un efecto dominó en tu organismo duró tan solo unos minutos; los necesarios para actuar en una situación de emergencia.

Ahora toma en cuenta esto: nuestro cuerpo ya no solo se estresa temporalmente ante el peligro de un depredador, sino que lo hace de manera permanente por causa de nuestros "temerosos" pensamientos. Vivimos en un constante miedo inconsciente, en un estrés constante porque te enfrentas a otro tipo de depredador: tu suegra, tu jefe, las cuentas por pagar, la presión social. Significa que, si te asalta ese miedo por perder a tu pareja, tu trabajo, tu dinero... ¿Adivina qué se activa?

Pues sí. Tu modo automático.

Tu cuerpo empieza a generar químicos. Tu sistema inmune se inhibe y entra en acción la conducta memorizada de tu cerebro emocional. Optas por refugiarte en tu conducta-respuesta habitual y conocida: te angustias, te deprimes, te enfadas. Tratas "de manejarlo" de la mejor manera posible hasta que algo cambie tu estado de ánimo. Vives con la "duda", la "incomodidad", la "preocupación", la "decepción"... todo el tiempo.

Piensas que es normal, que así es la vida, que eso es lo que te tocó vivir, que ese fue el carácter que te tocó tener; y *hasta que lo inconsciente no se haga consciente, el subconsciente seguirá dirigiendo tu vida y tú le llamarás "destino".*

Ciertamente pueden ocurrirte circunstancias "duras" que "te han enseñado" a vivir resentido, desconfiado y temeroso, pero suele suceder que las "circunstancias duras" son calificadas así de acuerdo con tu perspectiva de la vida. Le das ese adjetivo porque lo "has sentido" en carne propia, porque el dolor fue real; pero también lo has sufrido de esa manera porque no conoces otra forma de ver las cosas.

Sí. El dolor emocional se torna real en el momento que te identificas con algo. Una misma situación puede causar dolor a una persona e indiferencia a otra; todo depende del cristal con el que ves las cosas. Si lo ves desde el cerebro reptil, "lo sufrirás"; si lo ves con tu lóbulo frontal, "podrás superarlo". ¿Cómo lograrlo? Saliendo de nuestras inculcadas ideas (de nuestras programaciones) de la misma manera en que un adicto lucha contra los químicos de su cuerpo intoxicado por la droga.

¿Pero cómo te das cuenta? A veces no sabes que no sabes; simplemente reaccionas. Piensas que así es tu forma de ser en esta lotería de la vida; y, lo peor de todo, crees que es normal porque "a todo el mundo" le pasa lo mismo, y solo queda resignarte a tu destino.

Evidentemente, es normal que una mente inconsciente haga que una persona tenga vivencias "negativas"; y, del mismo modo, es también normal que una mente consciente tenga vivencias "positivas".

Con la amígdala reaccionas, pero es tu lóbulo frontal con el que evalúas el riesgo de la situación. Vas "controlando" el miedo gradualmente. Tienes miedo a las arañas, pero no sabes el porqué. Solo cuando saques ese miedo de tus programaciones, tu lóbulo frontal será totalmente efectivo ante esa situación y tu amígdala dejará de manejarte reactivamente.

Cuando estás bajo el estrés, este perjudica a los procesos de regeneración de tu cuerpo. Tu enfermedad puede prolongarse indefinidamente, y esto puede derivar en el círculo vicioso de sentirse afectado anímicamente por ello y caer nuevamente en el estrés emocional, que, a su vez, genera un estrés tanto químico como físico del cuerpo; y así se repite el círculo una y otra vez.

Te has sentido tan mal y tantas veces con esas "vívidas" experiencias, que tu cerebro las ha convertido en subconscientes y en parte de tu forma de ser. De solo sentir tristeza, te has convertido en una persona depresiva. De estar en un cierto estado de ánimo, pasas a ser ese estado de ánimo. Te has convertido en la emoción porque repetiste constantemente una forma de pensar y sentir durante años. Incluso has aprendido a convivir con un cuerpo enfermo o muy proclive a estarlo.

Si tu mente, tus estados de ánimo, algo tan intangible como tus pensamientos, han logrado dañar tu salud, ¿por qué no podrían también regenerarla? ¿Por qué no podrías tener un mayor dominio sobre tus órganos de la misma manera con la que un yogui controla los latidos o su respiración?

Posiblemente me digas: "¡Porque son casos extraordinarios!".

Y sí. Lo son, pero lo extraordinario radica en la voluntad de dejar de vivir en esa programación en la que estamos el 95% de nuestro tiempo pensando que somos el producto de un azar divino.

También podrás argumentar *¿y qué más puedo hacer yo si en este azar mi amígdala es más predominante que mi lóbulo frontal?*

Existe una profunda interacción entre la mente y el cerebro; sin embargo ¿qué o quién hace que una mente "evolucione" de distinta manera? ¿Qué hace que una mente sea inspirada, visionaria, fuera de época o sanadora? Y con esto no me refiero a la capacidad y calidad orgánica del cerebro, sino a aquella parte de ti que cuando "se va", muere tu cuerpo con cerebro y todo.

Me refiero, por ejemplo, a aquellas personas que eran ciegas de nacimiento y que, después de haber estado muertos clínicamente, describían lo que habían visto de lo sucedido en el quirófano mientras sus cuerpos yacían inertes. ¿Por qué describían con exactitud lo que habían visto en el quirófano durante su temporal muerte, si eran ciegas de nacimiento?

Esa "presencia" es parte de tu Ser. Llámala como quieras, alma, espíritu, supra consciencia, mente superior... El detalle es, que esta presencia no proviene de tu cerebro, sino que hace uso de él para manifestarse a través de un cuerpo orgánico humano.

~ ~ ~

Mente subconsciente

Hablemos de la mente consciente y de la mente subconsciente. Hay quienes afirman que el subconsciente y el inconsciente son lo mismo, pero con distintos niveles de profundidad. Utilizaré el término subconsciente.

Cuando manejas un automóvil, tu mente consciente se concentra en el camino, pero es tu mente subconsciente la que se encarga de manejar. Es la que opera automáticamente el volante, los pedales, la caja de cambios, etc. No necesitas verlos. Tu cuerpo ha memorizado dónde están y cómo operarlos. La repetición al aprender a conducir ha hecho que tu cuerpo lo memorice y realice las cosas de manera automática; sin pensar. Así pues, tú también has aprendido a reaccionar de manera memorizada y automática.

Por un lado, con el perdón del caso y visto de una manera reduccionista, la mente consciente es la que maneja nuestros deseos; es la parte creativa, la que utilizamos para razonar. La subconsciente es la que ejerce de "grabadora". Cuando el subconsciente aprende cómo hacer algo, ya no necesitas volver a aprenderlo.

La mente subconsciente nos ayuda desde cuando somos muy niños. Aprendemos a caminar; *aprehendemos* el acto de caminar; lo "grabamos" en nuestro subconsciente para que funcione así el resto de nuestra vida, sin tener la necesidad de volver a aprenderlo cada vez. Se memorizan movimientos; desde caminar, hasta pelar papas o tejer sin ver.

Si bien el subconsciente tiene la mala fama de ser el origen de nuestros problemas, es muy útil a la hora de no tener que repetir el proceso de aprendizaje.

¿Pero qué pasa si tu mente está ocupada pensando en el pasado o en el futuro, o tiene demasiadas cosas de qué preocuparse o estresarse? Como lo mencioné anteriormente, se activa por defecto tu base de datos creada por el subconsciente; pasas a obrar en "modo memorizado automático", y actúas de manera subconsciente.

¿Cuál es el problema que nos pongamos en ese modo automático? Pues que se activa lo que ha sido grabado desde nuestros primeros seis o siete años de vida, hasta nuestras conductas "conscientes" memorizadas ya de adultos. Incluso mientras se está en el vientre, el feto recibe a través de la sangre los químicos que se han producido por el estado de ánimo de la madre.

Cuando somos niños no tenemos la capacidad de discernir; por lo tanto, nuestra mente subconsciente se encarga de aprender por nosotros mientras estamos descubriendo el mundo, observando, asociando y sintiendo.

Seguramente has visto a algún niño que está aprendiendo a caminar y que, al tratar de agarrarse del mantel de la mesa, se cae por su propio peso. El niño no sabe lo que le ha pasado y te mira porque no sabe cómo reaccionar. Si le ríes y hasta juegas con eso, el niño ríe y corta su aún no etiquetada emoción (y, por ende, su posible llanto), porque ha visto tu reacción positiva. Ha visto y ha grabado que no hay peligro en esas pequeñas caídas.

Si por el contrario, el niño quiere agarrar una tremenda tarántula y eres tú quien se asusta, el niño graba tu reacción asociando las arañas con el miedo.

Si le dices a un niño con enojo que es un tonto, un niño malo... pues estás haciendo que esa mente "virgen" empiece a llenar su base de datos asociando pensamientos y emociones negativas, con culpa, miedo, inseguridad, etc.

A esa edad, el cerebro opera en una frecuencia de onda llamada theta baja que es un equivalente a un estado de hipnosis. Los niños graban todo lo que se dice de ellos, sea bueno o no. El niño graba absolutamente todo lo que ve y lo que escucha.

¿Y qué es lo que ve?

La telenovela favorita de la mamá. Esa novela donde abunda la pasión, la ambición, el engaño... Ve las noticias; ve películas donde hay violencia... O simplemente el niño está presente en la casual charla entre su papá y el carpintero, en la que conversan sobre cómo hay que sufrir para ganarse la vida. O tal vez graba en el supermercado el llanto de una desconocida señora que le dijo a otra que no hay que confiar en la pareja, mientras la madre hacía despreocupada sus compras.

Todo este material grabado por tu subconsciente surge cuando tu cabeza anda preocupada o distraída con otras cosas. Si por casualidad estás buscando trabajo y no lo encuentras y te entra un ligero miedo ante la incertidumbre, se activa tu mente "automática". Se activa la charla entre tu papá y el carpintero sobre lo difícil que es conseguir algo en la vida. Tu miedo aparece, tus creativos pensamientos negativos lo fortalecen reafirmando esa realidad y se registra una nueva grabación en tu subconsciente.

Obviamente sucede lo mismo si durante tu niñez tus padres se han encargado de darte aliento, de decirte que la vida fluye, que la solidaridad y la consideración comienzan en casa, que te aman, etc.

Es muy común que los hijos no salgan igual a la mamá o al papá, ¡sino a la niñera! o al frustrado amigo de papá o a la benevolente profesora del jardín infantil. Cuando no estás consciente, se activan las grabaciones de tu subconsciente de las experiencias de vida ¡de otras personas! y no solo de tus experiencias directas.

Muchos de tus miedos a tomar la decisión equivocada, al fracaso, a no ser feliz, a la muerte, al rechazo, a la vejez, a lo desconocido… los tenías en el subconsciente y los reforzaste con el "consciente". Y como esa información provenía de tus papás o de personas "respetables" o "de confianza", aceptaste esa forma de ver la vida sin cuestionamiento alguno.

Se dice que, de todo lo que haces durante el día, el 95% lo hace el subconsciente y el 5% el consciente. El 5% de tu día eres verdaderamente consciente de ti mismo y de quién eres en esencia; y el 95% restante operas con tu base de datos almacenada y, que incluso corresponde a otras personas. Aquello que sueles hacer para "distraerte" de las malas rachas de la vida, sean profesionales, sociales o amorosas, te distrae tanto, que se activa esa mente subconsciente.

Es común escuchar a alguien despechado decir: "esta noche iré a distraerme, a vaciar la cabeza".

¿Y qué pasa tres horas y cinco tequilas después?

Está cantando a voz en cuello sobre la mesa del bar entregado a sus emociones y en estado subconsciente automático absoluto.

Tenemos una mente condicionada y vivimos la realidad de una mente no consciente. Podríamos decir que el 95% de nuestro tiempo vivimos en el pasado.

Ese 5% consciente correspondiente a la corteza prefrontal es lo que los espiritualistas te motivan a desarrollar para vivir una realidad libre de miedos y, por ello, vivir totalmente una vida distinta a la que has vivido. Me atrevo a decir que ese 95% es lo que "eres", y el restante 5%, lo que quisieras "ser".

Nuestro cuerpo funciona con química; una química que afecta a nuestra mente y que es afectada por la misma mente, a la vez.

Sé que puedes estar preguntándote *si nuestro cuerpo es animado y habitado por un Alma, un Espíritu, un "Ser", una "Consciencia", un cierto tipo de "Energía", una "Inteligencia Superior"... ¿por qué esta se deja influenciar por un par de cervezas o por un poco de azúcar?*

Buena pregunta. Para respondértela, voy a explicarte cómo nuestro "Ser" interactúa con nuestro cerebro. Mi explicación será tan solo una forma más de tratar de entender esta "compleja" situación; para ello, voy a narrarte un breve cuento.

Así que sugiero que detengas por un momento tu lectura y vayas a la cocina a prepararte una deliciosa bebida, porque esto se va a poner interesante.

*Para saber qué hacer,
primero tienes que saber
quién eres,
y por qué estás aquí.*

PILOTO INTERESTELAR

En una galaxia muy muy muy lejana existe un planeta muy evolucionado. Tanto sus habitantes como el planeta mismo son sutiles, es decir, que su materia se parece más a una holografía. Estos seres han estado desde hace miles de años en la búsqueda de otros planetas, en los cuales puedan crear nuevas formas de vida y adquirir nuevas experiencias.

Encontraron uno: la Tierra. Un planeta interesante, aunque de materia muy densa.

Para poder poblarlo era necesario hacer uso de "trajes de astronauta", pero mucho más sofisticados. Así que fabricaron un traje/robot orgánico compatible con el hábitat terrícola. Algo parecido a los robots gigantes en cuya cabeza está el piloto que aparecen en las películas.

Lo interesante de esta tecnología extraterrestre es que este bio-robot funciona de manera interactiva con el ocupante (el piloto, el astronauta) y toma mucho tiempo dominarlo a la perfección.

Por tratarse de un planeta muy distinto, y para preservar la integridad de nuestro viajero interestelar, este robot ya viene con programas básicos de supervivencia. Por ejemplo, si sus sensores detectan peligro, su ordenador central destinará toda la energía a las extremidades para ser más efectivo a la hora de huir o luchar ante un peligro inminente.

Durante ese lapso, el resto de los procesadores de información dejarán de trabajar de manera normal, ya que el robot se encuentra en "modo automático de subsistencia" hasta que pase el peligro.

Este "modo automático de subsistencia" puede pasar a tener un comando manual, pero solo cuando el piloto ya conoce el terreno y tiene la capacidad para desactivar el modo automático. Mientras el piloto no haya ganado la experiencia necesaria para saber qué comandos manejar, el robot asumirá el control del peligro de acuerdo con los programas que tiene instalados, y que son el resultado de las experiencias previas de los modelos anteriores.

El ordenador principal de este robot tiene la capacidad de registrar y archivar en su disco duro todas estas situaciones, tanto como una autodefensa, así como para la ejecución de tareas rutinarias. A futuro y una vez que tenga el conocimiento, el piloto determinará qué archivos o programas desechar o perfeccionar.

Este "robot orgánico" tiene varias características: es semiautónomo y solo en algunos casos funciona automáticamente. Tiene instalados varios programas que regulan su buen funcionamiento; por ejemplo, tiene sensores de temperatura en toda su superficie y para que esto no pase desapercibido, transmite esta información de forma "sensible" al piloto, haciendo que este experimente en carne propia lo que le sucede a su máquina. Es tan fuerte la interacción a veces, que el piloto no se da cuenta cuándo está operando manualmente a su robot, y cuándo está este en modo automático. Solo con el entrenamiento constante y la experiencia es que el piloto le saca el máximo provecho.

Para suministrar energía a su robot, el piloto tiene que conseguir biocombustible que es abundante en el mismo planeta Tierra; a algunos de estos combustibles se los conoce como "vegetales" y "frutas" y son los responsables para que esta máquina funcione en su óptimo nivel. Es el sistema autónomo de nuestro robot (sin participación alguna del piloto) el que se encarga de procesar, transformar y utilizar estos insumos, porque sin esta correcta "energía" sencillamente el robot se volvería inservible como un coche sin gasolina.

Vamos a adentrarnos en la sala de comandos principal de nuestro robot. Decíamos que viene pre-programado. Tiene un ordenador principal y un "cerebro", el cual tiene diferentes áreas que generan distintos procesos con los que se maneja toda la maquinaria.

Cuando los sensores detectan peligro, se puede observar cómo se iluminan aquellas zonas del "cerebro" donde no solo se está procesando la información recibida, sino que también activa varios otros mecanismos operativos automáticos llamados "reacciones".

Con el tiempo y la experiencia, el programa "peligro", que antes estaba calibrado en un nivel de sensibilidad "alto", puede reprogramarse a "mínimo", puesto que el piloto aprenderá a distinguir entre un peligro real y una falsa alarma.

Como este cerebro tiene la capacidad de grabar información de manera automática, se generan archivos que no siempre ayudan al piloto, porque se acumula información en desuso que solo ocupa memoria y que perjudica la fluidez del funcionamiento del ordenador.

Estos archivos llamados miedo, enfado, tristeza, envidia, etc. son el resultado de experiencias guardadas previamente. Son altamente perjudiciales porque, cada vez que son leídos por el ordenador, activan el modo de subsistencia y el robot se cambia a modo automático, quitándole el comando al piloto por tratarse de una "emergencia".

Solo cuando el piloto sabe afrontar estas situaciones, porque ya tiene la experiencia y el conocimiento, es cuando puede hacer uso de otro módulo más sofisticado del ordenador central del robot (lóbulo frontal). Este módulo se encarga de cancelar la parte "reactiva", "emocional" y "automática" que el módulo de emergencia (amígdala) tiene pre- programado.

Tanto el lóbulo frontal como la amígdala y todo el cerebro central de este robot, sencillamente no funcionan cuando no hay un piloto que los active.

A veces sucede que el robot se deteriora por los programas almacenados y por el pésimo combustible que ingiere. Esto hace que se deterioren los programas de control y que este opere únicamente en modo automático hasta que deje de funcionar por el mal desempeño de los procesos de regulación autónoma.

Cuando sucede esto, la participación del piloto deja de ser protagónica; está destinado a ser un simple habitante de una máquina que ha tomado por completo el control, y no le queda otra que esperar a que la máquina se desconecte (por mal funcionamiento) de su interactividad con él. Solo así el piloto podrá salir del robot. Mientras está en esta situación de "modo totalmente automático", el piloto no podrá operar el robot; perderá su tiempo dentro de una máquina a la que no puede sacarle ningún beneficio, y su misión en este planeta tendrá que volver a planificarse para intentar nuevamente lograr los objetivos truncados.

A veces, el piloto llega a tal destreza, que activa otras áreas y otros programas que hacen que descubra y utilice su centro de actividad cerebral en modo "súper usuario", y reprograme con nuevos comandos aquellos que vinieron "por defecto" de fábrica.

Cuando el piloto llega a esta capacidad de manejo, puede inclusive encargarse de operar algunos programas que hasta ese momento dependían del sistema autónomo; es decir, el piloto podrá poner en modo manual cualquier área del robot. Si el robot ha tenido un daño interno "irremediable", el piloto podrá reconfigurar cualquier parte implicada. Así como el "cerebro emocional" afectaba el manejo del piloto, es ahora el piloto quien afecta a las distintas partes del cerebro central de su bio-robot.

Más de un piloto no ha sabido manejar su robot y se ha dejado avasallar por la maquinaria que vino a conducir; más de un piloto no ha tenido la pericia para sacarle el mayor de los beneficios a su máquina, pero más de uno ha sabido perfeccionar el manejo de la programación del ordenador central.

El robot es importantísimo para cumplir con la misión, pero es solo un vehículo; es el piloto quien la lleva a cabo con un objetivo determinado.

En otras palabras, no se trata de un humano que está viviendo en una experiencia espiritual, sino de un espíritu que está experimentando a través de una experiencia humana.

Muchos pilotos tienen diferentes objetivos de aprendizaje a la hora de ir al planeta Tierra. Antes de fabricar al robot, se toman las previsiones para construir el cerebro (hardware) y después programarlo (software). Si el piloto tiene que experimentar una vivencia en el ámbito musical, por ejemplo se fabricará un cerebro estándar, pero con algunas variantes en los componentes mismos del cerebro que darán prioridad especializada en los componentes (hardware), para que así el software (programa musical, en este caso) sea óptimo y se ajuste perfectamente a las exigencias de la "habilidad musical" del piloto.

A veces, el piloto desea probar su pericia haciendo uso de un robot que tenga limitaciones técnicas. Es así, que los fabricantes construyen uno "a medida" inutilizando ("dañando") intencionalmente algunas partes del cerebro o desactivando algunos componentes de la motricidad, de la visibilidad, de la comunicación, etc.

De esta forma se cumple de manera óptima con las expectativas de un "diseño intencionalmente defectuoso" para los retos que se ha planteado el piloto.

Existen tantas variaciones en la programación, en el diseño o en los componentes de los robots, como son de variadas las vivencias y las exigencias que desean experimentar los pilotos.

Como habrás podido apreciar con los ejemplos de esta historia, podrás también haber entendido la respuesta a tu pregunta: "Si nuestro cuerpo es animado y habitado por un Alma, un Espíritu, un "Ser", una "Consciencia", un cierto tipo de "Energía", una "Inteligencia Superior"… ¿por qué esta se deja influenciar por un par de cervezas o por un poco de azúcar?".

Pues en este caso, el mal combustible tiene un impacto directo en el correcto funcionamiento de la máquina, y esto afecta la interactividad con el piloto. No es un "error de fábrica", pero el vehículo depende de la experiencia del conductor; además que el piloto es solo el piloto, no el fabricante.

La pregunta es: ¿Quién es el fabricante? ¿Cuál es esa Inteligencia Superior que diseña a ese robot orgánico para que funcione perfectamente para "un piloto"?

¿Quedó ahora más claro este tema de que *la mente es lo que el cerebro hace* según la neurología? ¿Que *sin cerebro no hay consciencia,* según algunos científicos?

¿Quién hizo posible que ese cerebro exista, quién es el fabricante? Es más, ¿quién mandó a fabricarlo?

Y sobre todo, ¿por qué?

Vaya que ha sido un capítulo complejo e intenso. Algo me dice que vas a tener que leerlo más de una vez, sobre todo si no tienes muchos conocimientos sobre ordenadores.

Mientras tanto, haz una pausa y date un buen respiro.

*En el momento en que dejes
de juzgarte a ti mismo,
dejarás de juzgar a los demás.*

EXPERIMENTAS LO QUE ERES

Cuando experimentas tristeza es porque existe un hecho o un concepto que genera pensamientos que no te gustan, que son desagradables o con los que no estás de acuerdo según tu forma de ver el mundo; y estos pensamientos han causado una emoción no grata en ti.

La tristeza es pasajera, pero si no existe un cambio de perspectiva en tus pensamientos puede convertirse en una depresión. Tu ánimo de "estar" se convierte en tu forma de "ser". El pensamiento se convirtió en un estado emocional y el estado emocional se convirtió en una forma de ser.

De sentirte frustrado permanentemente puedes convertirte en una persona amargada; y la gente diría *esa es su forma de ser*.

Convertirte en una persona renegona genera cierto impacto en tu entorno. Por ser "renegón", es probable que produzcas rechazo y que además generes que la gente te trate mal. Y, si tu entorno te trata mal, sería normal para ti decirte que algunas personas son "mala onda" contigo y que, bueno, así es la gente, así es la vida, *¡qué le vamos a hacer!*

Por lógica, no tendrías motivo alguno para experimentar algo agradable en ese momento. Eres renegón, generas malestar en la gente y, por lo tanto, suele pasar que la gente reaccione igual o peor que tú. Tu forma de ser, que es parte de tu interior, ha causado una manifestación exterior que impacta nuevamente en tu interior, reforzando aquello que llamas "tu realidad". Y así es tu realidad, así es tu verdad, así es tu vida y así piensas que es tu destino. Así como piensas, así eres, y así como eres, así te re-experimentas. Atraes lo que eres, no lo que quieres.

Es muy común que no sepas quién eres en el fondo. Supongamos: si te pregunto quién es tu mejor amigo, me responderás con su nombre; pero si vuelvo a preguntarte quién es, tu segunda respuesta se referirá seguramente a su profesión u ocupación. Posiblemente le seguirá su edad, nacionalidad, estado civil y su estatus económico. A esto solemos reducir el "quién eres" cuando queremos saber más de alguien; incluso cuando nos referimos a nosotros mismos.

Pero si dejáramos de lado tu profesión, tu dinero (poco o mucho), tu historia familiar y tu herencia cultural, ¿qué es lo que queda? ¿Quién eres en la intimidad de tu Yo Mismo?

Sin entrar en el campo "divino", energético o vibracional, simplemente eres lo que piensas; seas consciente de ello o no.

Tal vez me preguntes: "¿por qué atraigo a cierta clase de personas que nada tienen que ver con mi forma de ser? Técnicamente, tendría que atraer únicamente a personas que son muy parecidas a mí".

Pues tu "forma de ser" no se limita a tu carácter, sino que también incluye aquello de lo que no eres consciente de ti mismo en más del 95% del tiempo. Ese 95% de parte subconsciente (de la cual no eres consciente, valga la redundancia), es la que domina tu "forma de ser". No eres consciente del porqué de tus reacciones; solo crees que es tu carácter, como lo mencioné en capítulos anteriores.

Si te consideras una persona fiel, pero piensas que podrías toparte alguna vez con una infiel argumentando que "no pondrías las manos al fuego por nadie", pues ese pensamiento que también es parte de tus convicciones (es decir, de lo que piensas de la vida) es también parte de tu forma de ser, y abre absolutamente la posibilidad a que te topes con alguien que "no es como tú", pero que sí calza con lo que piensas al respecto. Debido a ese pequeño detalle, podrías atraer la infidelidad a tu vida aunque tú pienses que no eres así.

¿SABES LO QUE CREES?

Muchos libros hablan sobre el poder de las afirmaciones y visualizaciones para atraer a tu vida aquello que deseas. Y, si bien concuerdo con ello, no me extraña que mucha gente fracase en el intento y bote el libro de las afirmaciones a la basura. Eso se debe a que la gente que quiere materializar algo en su vida no se percata de que se está saboteando subconscientemente. Quieres un millón de dólares, pero en el fondo "sabes" que no es posible. Quieres una pareja a quien amar, pero en el fondo tienes miedo al abandono; y la vida te da justamente aquello en lo que te enfocas desde lo más profundo de tu ser. Pero ¿cuál sería tu creencia? "Mala suerte en el amor", "Destino", "Karma"...

"Aquello en lo que te enfoques es lo que atraerás" dice más de un físico cuántico y más de una línea espiritual. Muchísimas personas que conocen muy bien este tema de la atracción lo ponen en práctica con bastantes buenos resultados; solo tienen que "pedirlo" sabiendo que el Universo se encargará de hacer realidad sus deseos.

Recuerdo que una noche que me encontraba meditando al respecto escuché una voz en mi mente que decía: "Eso de pedirle algo al Universo es de mal gusto". Pregunté de qué se trataba aquello y la respuesta fue que *si realmente crees que eres uno con el Universo y que todos somos Uno, no tendrías que pedirlo, visualizarlo o afirmarlo, porque eso reforzaría que "dependes" de algo externo a ti para conseguirlo; en este caso, del Universo (o de Dios, si así quieres llamarlo). Mientras que si eres uno con el Universo serías el Universo mismo y, por lo tanto, tendrías todo lo que el Universo contiene en sí mismo. Así, no necesitarías pedir algo que ya es tuyo porque es parte de tu Ser, de ti mismo, de quien "eres".*

Dicen que cuando criticamos a las personas, estas son simplemente un reflejo nuestro y que vemos en ellas aquello con lo que no podemos lidiar. Rechazamos de las personas aquello que refleja en nosotros los rasgos que aún nos cuesta trabajo manejar en nosotros mismos.

Alguien dijo por ahí:

> "El bien que encuentras en los demás, también está en ti. Los defectos que encuentras en los demás, también son tus defectos. Después de todo, para reconocer algo, debemos conocerlo".
>
> (Anónimo)

Esa parte subconsciente se exterioriza cuando nos topamos con personas o situaciones que solo sacan lo más profundo de nosotros. Cuando te enojas con alguien porque es una persona "egoísta", lo más probable es que tú mismo lo seas, pero no te has dado cuenta, porque pasas por alto tu propio egoísmo hasta que alguien te lo echa en cara. Tiendes a no aceptarlo o lo justificas como un mecanismo de defensa con el argumento de que tú sí tenías una razón válida para obrar de esa manera debido a las "circunstancias". Luego, atraes el egoísmo de alguna manera; atraes esa vibración igual a la que piensas, igual al concepto que tienes en tu mente, en tu forma de ser.

Mientras juzgues o critiques a alguien por su egoísmo, es porque el egoísmo sigue en ti; lo estás "reconociendo" en la otra persona y causa malestar en ti porque aún no sabes manejarlo, aún no lo has superado; sigue siendo parte de tu ser y por eso lo reexperimentas de manera desagradable a través de la persona que te lo refleja.

El problema no es que convenzas a los demás justificando algún acto egoísta tuyo; el gran problema es que tú te lo creas quedándote estancado en tu mundo de victimismo.

¿Cómo puedes esperar una relación sana con los demás, si tienes vicios y/o pensamientos tóxicos que son parte de tu ser? ¿Crees que criticar es sano? ¿Crees que dirigirte a la gente de forma despectiva es sano? Que hablar mal de la gente ¿es sano? Que aprovecharse de la gente ¿es sano?

Y después te quejas de la vida porque hubo gente que te hizo daño. ¿Cómo esperas algo positivo de la vida con una forma negativa de pensar?

Vives inseguro pretendiendo seguridad.

Vives insatisfecho deseando tener satisfacciones.

Vives temeroso esperando tener valor.

Vives desconfiado justamente para volver a confiar.

Vives infeliz buscando ser feliz.

Vives sin amar esperando que alguien te ame.

Vives sin cambiar esperando un cambio.

No eres consciente de ti mismo. No te das has dado cuenta de que vives muchas incongruencias de manera inconsciente. Por un lado, adoras a un bello animal como es tu perro; pero por el otro, te comes a un bello animal como lo es una vaca. Por un lado, no quieres que la naturaleza azote a la Humanidad con sequías o inundaciones; pero, por el otro lado, no te das cuenta cómo "eres" con el planeta; no te das cuenta de que tú mismo aportas al cambio climático con tu forma de ser y con tu conducta inconscientemente antiecológica.

Uno es incongruente consigo mismo de manera inconsciente y después se pregunta porqué le pasan ciertas cosas. Atraes lo que eres; atraes aquello que resuena con tu vibración, seas consciente de ello o no.

Si quieres tener una respuesta determinada, tienes que vibrar como aquello que estás esperando recibir; tienes que entrar en la vibración de lo que deseas. No confundas deseo con ansiedad. No podemos encontrar la respuesta cuando el problema está activo, cuando esa vibración es la que predomina. No puedes encontrar una solución con la misma clase de pensamientos que han generado el problema.

No se trata de tener una "actitud positiva" y hacer afirmaciones positivas; tienes que Ser esa vibración. Cuando pedimos algo a Dios (o al Universo o al Todo) nos enfocamos en lo que no tenemos; nos enfocamos en el problema, en la vibración "negativa" (de carencia, de tristeza, etc.), y eso es precisamente lo que seguiremos recibiendo.

Suele suceder que, al no cumplirse nuestros "pedidos", al no haber sido "escuchados por Dios", pensamos que esa es su voluntad; o que es nuestro karma que lo impide; o simplemente dejamos de creer en todo esto.

Los físicos cuánticos te dirán que es al revés; que tienes que creer para ver, pero no creer como un acto de esperanza y de intentar convencerse de que las cosas van a ir bien, sino como una forma de ver la vida con una convicción que proviene de tu Ser, que es parte de tu naturaleza, y que no necesitas autoconvencerte.

Cuando amas a los animales, simplemente los amas. No tienes que poner "fe" en ello, no tienes que "creer" en que es bueno amar a los animales, no tienes que convencerte, no necesitas afirmarlo. Solo está en ti, es tu forma de ser.

Más de una persona dirá *yo doy todo mi amor, pero lo único que encuentro en la gente es ingratitud.* ¿Para qué dar amor, para qué hacer el bien, si hay gente egoísta que no reconoce ese esfuerzo y esa dedicación? Pues, egoísta eres tú, que haces las cosas esperando un reconocimiento que satisfaga tu carencia.

Estás vibrando en egoísmo; estás obrando por interés: "Si después de todo lo que hice por ti, no me brindas consideración, no mereces mi amor". Eso no es vibrar en amor, sino en desamor; y desamor es lo que vas a "atraer". El verdadero amor no espera nada a cambio, ni siquiera el agradecimiento.

Albert Einstein decía: "Si buscas resultados distintos, no hagas siempre lo mismo". ¿Crees que si cambiaras tu forma de pensar, no debería cambiar en algo tu vida?

Mucha gente trata de cambiar "algunas cosas" en su vida, pero luego vuelve a lo mismo. Es típico en las relaciones de pareja prometer un cambio de actitud que suele ser tan solo por obligación; solo para tener la fiesta en paz. Cambiaste tu forma de actuar, mas no tu forma de pensar; cambiaste de conducta, pero no de creencia. Quieres ser diferente, pero sin cambiar tu forma de ser.

Desde ese punto de vista, jamás tendrás un cambio cualitativo y perdurable en tu vida. Si quieres un verdadero cambio en tu vida, tendrás que cambiar tu forma de ser; tendrás que convertirte literalmente en otra persona. Necesitarás ver la vida desde una perspectiva totalmente diferente.

"No vemos las cosas como son, las vemos como somos".

(El Talmud)

La vida es como tú la ves. Así como piensas, así eres; y así como eres, así experimentas la vida. Si eres negativo, la vida no va a ser agradable. Donde unos ven algo malo, otros ven una oportunidad. Mientras uno se molesta porque cayó una nevada que le obstaculiza la puerta de entrada de la casa, otro lo ve como una oportunidad de ganar dinero limpiando nieve. El uno se enoja y el otro se siente útil. Lo que tú das a la vida, la vida te lo devuelve en nuevas y similares vivencias para que sigas re-experimentándote. Seas consciente de ello o no.

En el caso de que seas una persona que no está contenta con su forma de vivir, ¿por qué crees que en tu vida se repiten las mismas situaciones una y otra vez? ¿Porque Dios se encaprichó contigo?

Tu frustración no es otra cosa que tu punto de vista; es el cristal a través del cual miras las cosas. Son tus propios conceptos de la vida reforzados por tus emociones, experiencias y creencias. Tu vida es el resultado de tu forma de pensar. Lo que te hace feliz o infeliz no es lo que tienes o quién eres o dónde cómo y con quién estás; es simplemente lo que piensas.

Ya el escritor Dale Carnegie lo resumía así:

"Sí, si tenemos pensamientos felices,

seremos felices.

Si tenemos pensamientos desdichados,

seremos desdichados.

Si tenemos pensamientos enfermizos,

caeremos probablemente enfermos.

Si pensamos en el fracaso,

seguramente fracasaremos.

Si nos dedicamos a compadecernos,

todo el mundo huirá de nosotros".

Muchas personas no creen que cambiando su forma de pensar pueden cambiar las cosas externas. Piensan que son habladurías. No creen que atraen lo que piensan, pero lo viven día a día.

Ejemplo:

En el trabajo van a designar a alguien que trabaje en el feriado y tú, que conoces muy bien "tu mala suerte", ruegas mentalmente que no te toque. Sin embargo…

… te toca.

Solamente atinas a decirte: "¡Lo sabía!".

O resulta que te has sentido muy enfermo últimamente y has pedido hora donde tu médico. ¿Qué es lo que te dices a ti mismo?

Apuesto que el doctor me va a decir que tienen que operarme. Vas al médico rogando que te diga lo contrario, le rezas a la Virgen María en el taxi, repites treinta veces *estoy sano estoy sano...* pero ¿qué te dice el médico?

Operación.

¡No una, sino dos!

¿Y qué es lo que dices?

¡Lo sabía!

Que estás esperando por un contrato de trabajo; sin embargo, te dices *ya mejor ni llamo*. No te dan el contrato y ya aburrido vuelves a decirte: *Ya lo sabía, era de esperarse.*

No es que seas un adivino del mal; y menos que tú seas un "salado"; simplemente crees que tienes mala suerte. Las cosas negativas, "la mala suerte", van a tu encuentro, ¡porque eres como un imán! No crees en esta ley de la atracción, pero no te das cuenta de lo convencido que estás de lo mal que te va; siempre esperas lo peor, y lo peor es lo que sueles atraer.

Hay quienes dicen: "Trato de ser positivo, inclusive hago afirmaciones positivas, pero no funciona. Sigo como estoy, y eso que hago mis afirmaciones de prosperidad quince minutos al día".

Pero claro, ¿cuántas veces al día piensas en carencia o en pobreza? ¡Todo el tiempo sin darte cuenta! Y como no han funcionado tus afirmaciones, pierdes la fe. Pese a que tratas de cambiar tu vida, sigues teniendo en el fondo las mismas creencias negativas. Te autosaboteas inconscientemente, pero te compadeces de ti mismo con todos tus sentidos.

Por un lado, quieres recibir lo mejor de la vida; pero, por otro, piensas que la vida es de lo más rara y te pone en situaciones que nunca quisiste. *¿Por qué la vida me pone gente que me hace mal? ¿Por qué el dinero nunca me alcanza a fin de mes? ¿Por qué me tocan parejas que me engañan? ¿Por qué no encuentro un trabajo en el que me sienta a gusto?*

¿Por qué crees que te pasa eso? ¿Por mala suerte?

Si se trata de suerte, ¿por qué no hablar también de buena suerte? Así como domina una, ¿por qué no domina la otra?

¿SABES LO QUE CREES?

¿Sabes por qué no recibes de la vida aquello que esperas? No es por mala suerte, es porque eso es lo que piensas de la vida; no estás experimentando lo que quisieras de la vida porque no lo crees en el fondo. Vives de una manera 95% subconsciente, producto de tus programaciones de niño y que han sido consolidadas de adulto.

Otro ejemplo:

Cómo acaba esta frase: "El dinero es el origen de todos los...".

¿Qué te viene a la mente?

Si mentalmente has respondido "males" es porque has aceptado es frase como una realidad. ¿Cómo aspiras entonces a tener más dinero si piensas inconscientemente que el dinero es la causa de todos los males? ¡Lo estás rechazando inconscientemente!

Quienes tienen presente esta afirmación en su vida no recuerdan, o no saben, que la frase completa viene de la Biblia y dice: "El amor al dinero es el origen de todos los males". El amor al dinero, no el dinero en sí.

Sin embargo, ya tienes la programación en ti.

¿Alguna vez te sientes mal porque a alguien le sobra dinero y lo derrocha cuando tú estás padeciendo por conseguirlo? ¿Alguna vez te enfadaste, porque alguien tiene más dinero que tú? (Diciendo, además, con reproche, *claro, como a él no le cuesta; como sus papás tienen plata…*).

Pues en esa envidia estás reconociendo y reafirmando tu inconsciente carencia. Recuerda que tu mente no diferencia si tienes un pensamiento sobre ti mismo o sobre otra persona. En el momento en que rechazas a esa persona que tiene dinero, estás rechazando al dinero también.

Recuerdo que con un primo hacíamos bromas a la gente cuando alguien mencionaba la palabra "caro". Cuando alguien decía, por ejemplo, *este teléfono celular es caro*, nosotros respondíamos *no es caro, lo que pasa es que tú no tienes plata*.

Al principio, la gente se ofendía; se sentía mal; se daba cuenta de su carencia; eso les molestaba; luego, se reían de sí mismos y buscaban a quién hacerle la broma.

Tú mismo te pones las limitaciones porque limitas tu realidad; porque en alguna parte dentro de ti sientes que no lo mereces, o porque la gente dice que no es bueno. Más de un millonario vivía antes en la calle; estaba en peores circunstancias que tú, ¿pero cuál es tu respuesta? *Era su destino*; y, de esta manera, te quitas tus propias responsabilidades; que *Dios sabe porqué lo hace*.

Quieres un mejor trabajo, pero no quieres renunciar al que tienes hasta tener algo seguro y lo postergas. *En mi vacación buscaré trabajo*; y ya van dos años que no tienes vacación. No te atreves; prefieres conservar lo que tienes a perderlo por arriesgarte; por "prudencia". Y, después, te frustras porque tu vida es la misma desde hace mucho.

Estás cansado de lo que acontece tu vida; estás cansado de vivir lo mismo una y otra vez. Te juzgas desde tu propia zona de confort: *Yo debería... Así es la vida... No soy capaz... Yo tengo la culpa... No lo merezco... Es mi destino...*

Si piensas que durante muchos años no te ha ido bien en la vida, es porque has estado pensando de la misma forma; y esa forma de pensar es la que no te ha traído aquello que esperabas.

Atraes lo que eres; no lo que quieres. ¿Y qué es lo que eres? 95% subconsciente, 95% programación, 95% reactivo, 95% intoxicado.

Cuando te das cuenta de ello y entras en consciencia, cambia la forma de verte a ti mismo y a los demás. Dejas de juzgar, dejas de resentirte, dejas de victimizarte, dejas de maltratarte.

Piensa en esto: tu presente no tiene por qué ser como tu pasado.

Seguramente has escuchado alguna vez que la gente que alcanza la iluminación deja de sufrir. ¿O es que alguna vez escuchaste de un Buda o un Cristo frustrado o deprimido por "los vaivenes de la vida", por la "mala suerte" o por un injusto destino? Iluminación significa que se "te prenda el foco"; es ver la cosas claramente, es sacar a la luz aquello que estaba oscurecido por las creencias culturales, por los paradigmas sociales, religiosos, por el fanatismo, el egoísmo, la ignorancia... Por la inconsciencia.

Aprende a observarte como si no se tratara de ti. Aprende a observar con la misma agudeza con la que criticas a otra persona.

¿SABES LO QUE CREES?

Eso sí, solo obsérvate; sin juzgarte. Observa con la sana curiosidad de quien quiere aprender todos los detalles.

Cuestiona tus creencias, cuestiona de manera edificante tus costumbres; pregúntate cuál es su sustento y cuál es la lógica que siguen. Observa cómo las culturas adquieren sus tradiciones; observa cómo estas son asumidas por siglos sin cuestionamiento alguno, y cómo se van deformando de acuerdo con la cultura de cada pueblo. Fíjate cómo los puntos de vista hacen que cambien las costumbres.

Cuando te "pesques" a ti mismo criticando a alguien, pregúntate por qué lo haces. "Péscate" diciendo "palabrotas" y pregúntate cuán automática es esa tu forma de expresarte.

Y cuando te enojes o te sientas triste, pregúntate por qué te afecta tanto mientras que a otras personas puede parecerles "superficial" tu padecer. Pregúntate cuáles son las creencias que te llevan a reaccionar así. Trata de identificar la causa inconsciente de tu ser que hace que atraigas aquello que no deseas.

Recuerda que experimentas lo que eres; seas consciente de ello o no.

Lo poco o mucho que recibes de la vida,
es la medida correcta
para lo que necesitas aprender.

¿POR QUÉ PASAN LAS COSAS?

Voy a darte otra perspectiva más del porqué te pasan las cosas; voy a contarte dos situaciones que me ocurrieron y que fueron momentos que consideré duros en mi vida:

Cuando terminé de producir mi primer largometraje, no estaba en un buen momento emocional y económico, pero como acababa de hacer una película, me invitaron a dar clases en una universidad. Aún así, pese a esa buena oportunidad de mejorar mi currículo laboral, mi ánimo seguía muy sombrío, ya que me advirtieron que era un trabajo temporal. Eso significaba que pronto estaría desempleado otra vez.

Efectivamente, después de dar clases en la universidad por un par de meses volví a estar sin trabajo. Como no es muy común encontrar en los periódicos anuncios de trabajo que digan "se solicita cineasta", un amigo me animó a incursionar en el mundo de la Internet. Para motivarme, este gran amigo mío compró un libro para aprender a hacer páginas web y me lo prestó para que lo estudie.

No tenía idea de ese rubro; como dije no estaba pasando por un buen momento anímico y económico, y tenía enfrente mío un libro abierto en la primera página en la que decía: *Introducción*.

Era una mezcla de emociones; estaba por aprender algo nuevo que podría ayudarme a ganarme el sustento.

En esos momentos, me dije más de una vez: "¿Por qué me pasa esto? ¿Qué karmita estaré pagando?" Solo sentía dolor; era un estado de ánimo negativo constante. Mucha ansiedad, mucha desazón... No entendía nada.

Pero cuando pasaron los años e hice una retrospección comprendí porqué me pasaron esas cosas. Cuando acepté el trabajo de docente universitario, lo hice pensando en que sería bueno para mi currículo y para generar ingresos; pero lo que fue realmente importante, fue que algunos de mis otrora alumnos se convirtieron en grandes amigos. Uno de ellos fue Emiliano Longo Sosa. Con Emiliano nos la pasábamos teniendo charlas existenciales y espirituales como una forma de tratar de entender nuestras vidas. Estas largas charlas se convertirían años después en los contenidos de los capítulos del programa de radio y televisión que cambió radicalmente mi vida: *Contacto*.

La vida me puso en esa universidad no por el currículo, como yo pensaba, sino para conocer a personas que *a posteriori* me ayudarían a hacer los programas de crecimiento que cambiaron mi vida y la de muchísimas personas.

Luego, el haber aprendido a hacer páginas web: gracias a ello compré mi primera cámara profesional de video con la que pude hacer el programa *Contacto*, pero también fue importante, porque adquirí el conocimiento para saber manejarme en el tema de las redes sociales, una plataforma que ahora me es fundamental para dar a conocer mi trabajo al mundo.

Por eso me pasaron esas cosas. Para que tuviera el gran cambio en mi vida y para que supiera cómo difundirlo.

Años después fue que recién me di cuenta de que todo pasó por algo. Esto me enseñó a que no tengo que esperar mucho tiempo para entender lo que me está pasando y me enseñó también estar alerta con todo lo que me sucede.

Ahora, ya no veo "injusticias" en mi vida, sino situaciones a las que les presto mayor atención. Situaciones que son portadoras de conocimiento y de crecimiento. Ya no creo en la "mala suerte"; ya no me quejo; ya no me siento víctima. Ya no me preocupo, me ocupo. Antes, únicamente me centraba en el "problema", ahora ya no considero que el problema sea un "problema".

¿SABES LO QUE CREES?

En otras culturas no existe la palabra "problema", y lo que más se le asemeja es la palabra "desafío". Del mismo modo, la palabra "crisis", tiene el significado de "oportunidad".

Me siento más a gusto con esos términos.

Voy a dar otro tipo de ejemplo del porqué pasan las cosas: a veces llega un momento con tu pareja en el que no sabes si mandarla por un tubo o casarte (muchos tienden a casarse, por cierto). Tienes tantos altibajos emocionales que ya te parece normal tenerlos a pesar de que te estresan mucho. Piensas que así es la vida, con sus altas y sus bajas, y prefieres callar algunas cosas para tener la fiesta en paz. Prefieres no "ver" la causa de los problemas, prefieres no escuchar las razones.

¿Y qué es lo que pasa? Tu cuerpo te lo grita, pero no le haces caso. Te duele la garganta o se te cierra; o te salen herpes en la boca, pero no lo entiendes y tan solo te preguntas *¿por qué me duele, por qué me está pasando esto?*

Alguien te respondería: ¿Qué cosa estás callando? ¿Qué es aquello que no puedes tragar? ¿Qué es lo que se te tranca en el cuello?

¿Qué cosa no quieres ver como para que tengas esa infección en los ojos, ese orzuelo, esa conjuntivitis? ¿Por qué esos dolores de estómago? ¿Qué cosa no puedes digerir? Y aún así sigues en lo mismo preguntándote por qué te pasan esas cosas en el cuerpo. A lo mucho pensarás que es tu genética o que es normal que alguna vez pesques alguna infección. Solamente buscas el antibiótico para lo físico, pero para lo interno ni te inmutaste.

Normalmente, uno no se da cuenta de que el problema está en uno y no en los demás. Muchas veces, la pareja o la situación no es el problema, sino que ha sido "atraída" a nuestra vida porque resuena con nuestros problemas internos inconscientes no resueltos. No sabes que tienes un problema. Atraes lo que eres en ese momento, atraes lo que rechazas; y, por eso, "la vida" suele ponerte repetidas veces en situaciones similares para que en algún momento lo entiendas y hagas un cambio positivo al respecto.

Una vez, una amiga se rompió el brazo y fue a parar al hospital para ser operada. Tiempo después al preguntarle cómo se sentía, me contestó:

—Estoy feliz porque por fin me he curado de los problemas de estómago que tenía.

—¿Y eso qué tiene que ver con el brazo que te rompiste? —le contesté desconcertado.

—He tenido que pasar por este accidente para que me pongan en un hospital durante una semana y he tenido todo el tiempo del mundo para pensar en qué momento se originaron mis problemas de salud.

Ella tuvo la feliz iniciativa de hacer una gradual retrospección de su vida hasta encontrar el momento en que su estómago dejó de funcionar correctamente. Cuando detectó el momento se dijo a sí misma: "Por eso era". Y en el instante que entendió la causa conscientemente, su digestión volvió a funcionar a la perfección.

No era su genética. No era porque "así es la vida". No era su karma. No era castigo de Dios. Era ella misma. Simplemente tuvo que darse cuenta; solo tuvo que detectar el origen del problema.

Cuando alguien me cuenta sobre alguna dolencia, suelo decirle que le ponga nombre a su gastritis, a su neuralgia, a su resfrío... Y con ponerle nombre no espero que me conteste *Ok, se va a llamar ¡Pepe!,* sino que me refiero al nombre de la persona o a la situación que es la causante del origen de su malestar.

No se trata de que digas *es fulano,* y que este fulano sea el origen de tus males. No. No es fulano el origen de tus males; es lo que piensas sobre la situación con fulano lo que te genera el malestar.

Mucha gente, por más que busca, dice no saber la causa; que ya lo revisó todo y que realmente no sabe por qué le está pasando lo que le está pasando. Esto también puede deberse a que no se toman algunas cosas "negativas" como algo "malo". Es como si te dijeran *¿qué tiene de malo la venganza? Es más, es lo mínimo que puedes hacer contra alguien que te ha hecho daño; es lo mínimo que se merece. Es normal que quieras vengarte.*

Por más que hayas hecho la retrospección de tu vida y hayas detectado el momento, no te llamará la atención, porque no ves nada de anormal en la venganza.

Suele pasar también que no detectas el origen del malestar, porque este se encuentra en un nivel subconsciente. No en vano algunas personas recurren a psicólogos u otro tipo de terapeutas para hacer una regresión, sea a la niñez o a otras vidas para enterarse del porqué pasaron esas cosas. O, como bien lo describía en mis primeros dos ejemplos, son vivencias que simplemente están preparándote para un evento futuro.

También es común encontrar a gente que al detectar el origen del problema en algún momento de su vida se diga a sí misma: "Bueno pues, yo soy así ¡y qué!".

Esta actitud tampoco va a ayudar a solucionar las cosas. El concepto de autosuficiencia, de no pedir ayuda, de no pedir favores, de orgullo, de vanidad o de honor es una indiscutible ley en la vida de muchas personas que se la toman muy en serio. Eso es algo que no les permite entender por qué les siguen pasando las cosas; las cuales seguirán sucediendo.

Posiblemente también te quejes porque estás hace mucho tiempo sin pareja y porque sientes una gran soledad. Eso te lleva a la frustración porque en algún lugar de tu interior tienes programado que la soledad no es buena; que necesitas de alguien para sentirte bien.

Únicamente te enfocas en ese concepto de la soledad y solo atraes lo que estás pensando, lo que estás "siendo". Tus creencias al respecto son lo que genera el sufrimiento que estás experimentando y es así que te preguntas *¿por qué me pasa esto?*

Si no pensaras que la soledad es "mala", no sufrirías; y tampoco estarías preguntándote con dolor por qué te pasa aquello.

No te has puesto a pensar en que la "soledad" es un momento necesario para tu crecimiento, que es una gran etapa de aprendizaje y que está muy por encima del tema "pareja". Mientras no te des cuenta de ello, buscarás al primer incauto, a la primera incauta para casarte y para que, tiempo después y con un matrimonio contraído, digas *me siento sola, me siento solo.*

Una vez más, no te das cuenta de que atraes lo que rechazas, de que atraes lo que eres (por tus creencias). Por eso te pasan las cosas, pero tú lo llamas destino, lo llamas karma, lo llamas voluntad de Dios. Solamente ruegas por que cambien las circunstancias y no te das cuenta que son las circunstancias las que buscan un cambio en ti. Esperas (o sufres) un cambio en vez de propiciar uno para tu bien.

Cuando no tienes la iniciativa de cambiar, probablemente es porque le temes al cambio. Si no sales voluntariamente de tu zona de confort, el Universo, la vida, el karma, Dios, o como quieras llamarlo se va a encargar de sacarte de ahí "a la fuerza". Tienes miedo al cambio porque es incierto; te aferras a lo que tienes porque no sabes cómo te va a ir; por eso prefieres quedarte en un trabajo en el que no te sientes a gusto. Prefieres aguantar tu situación de pareja y ya no buscas la alegría de la relación; te contentas con no pelear y sigues sin darte cuenta por qué está pasándote eso.

Tal vez logres reconocer que no sabes lo que quieres y que por eso no haces nada para cambiar la situación. Te doy una pauta entonces: cuando sabes lo que no quieres, ya sabes lo que quieres. No hay por dónde perderse, no hay por qué darle más vueltas. Y si has detectado eso y aún no haces nada al respecto... pues como diría mi abuelita:

¡Entonces friéguese! ¡No se queje!

Te recomiendo hacer regularmente retrospecciones. Antes de dormir, siéntate en tu cama con la luz apagada y retrocede en tus recuerdos hasta dar con el momento que te causó el problema. Fíjate en qué momento y por qué cambió tu forma de ver las cosas.

Obsérvate sin juzgarte y sin juzgar a los involucrados. Haz de cuenta como si se tratara de una persona desconocida que te comenta sus problemas buscando una solución. Haz como si fueras el espectador de una película en la que el protagonista entra en conflicto en un momento decisivo.

Abre tu mente; mira la situación desde otra perspectiva; ponte en los zapatos de la otra persona; pregúntate si esa es la única forma de ver las cosas. Te aseguro que vas a escuchar tu voz interior diciéndote lo que necesitas escuchar. Te aseguro que vas a tener una respuesta incluso antes de formular la pregunta.

Este hábito de la retrospección, de reflexionar sobre algo, de meditarlo, te ayuda a ver las cosas con otros ojos. Si de pronto sucede algo imprevisto en tu vida, esto te ayuda a aceptar las cosas como vienen y no como tú quisieras que sean. Te ayuda a ver el fondo de las cosas y evita que entres en el quejumbroso chasco emocional del porqué te pasan esas cosas. Te ayuda a entender la situación como algo que te va a llevar a crecer, a conocerte, a entender tu razón de ser en esta vida.

Si se tratara de un juego de video, te dirías *ajá, aquí en este nivel está este obstáculo; tengo que ver por dónde ir, porque cuando lo pase, tendré un bono extra.*

Lo que haces en un videojuego es pensar, buscar otros caminos, observar los resultados de tus intentos y hacer todo lo que está a tu alcance para superarlo. Ya ni lo ves como un desafío; sencillamente te lanzas a superarlo.

No te las pasas jugando el video juego llorando, deprimiéndote y llamando a tus amigos para quejarte de lo mal que te fue en ese nivel; por el contrario, el obstáculo te motiva a mejorar tus capacidades. Tienes un solo objetivo en ese juego: superar ese y todos los obstáculos y niveles que se te atraviesen. Eso te da el conocimiento, la experiencia, la capacidad y la satisfacción.

Si tienes este hábito de la retrospección y sucede algo inesperado en tu vida, sabrás que se trata de algo importante y que tiene una razón de ser; ya no estarás emocionalmente con la inclinación a la decepción, a la tristeza o al enfado. Todo es para bien; ya no necesitas sentirte mal. Sufrir es un punto de vista; sufrir es no entender por qué pasan las cosas.

Las cosas son como son, pero tu sufrimiento es un punto de vista. Tu dolor tal vez sea inevitable, pero tu sufrimiento es absolutamente opcional. Cuando tienes un dolor de estómago, sopesas la situación, vas al médico, haces el tratamiento y, aunque puedes seguir sintiendo dolor por algún tiempo, sabes que estás en proceso de curación porque conociste la causa, sabes cuál es la cura y sabes que el dolor disminuye en la medida que avanza la curación. Duele; es inevitable, pero sufrir sería lamentarte por qué te enfermaste, por qué te pasan solo a ti estas cosas o por qué tenía que ser un dolor en el estómago ¡justo ahora!

El hecho de que sufras no significa que la gente tenga que tenerte consideración. Sufrir no te da "derechos": *Ya que mis padres sufrieron, me permito ser así; la gente me debe respeto por eso...* Justificas tu vida y tus acciones por esta razón, y la gente "tiene que" comprenderlo y hasta tener cuidado en cómo se expresa contigo.

Tiempo atrás, al hacer una retrospección me sentía lleno de incertidumbre mientras divagaba con mis pensamientos. Poco a poco me vino a la mente la idea de que mi vida era como el libro de una película; y la voz que escucho en mis retrospecciones me dijo: "Tranquilo. Ahora estás viviendo esta página; este duro momento queda atrás en el próximo capítulo".

Vi que mi vida era un libreto; no de Hollywood, sino de Universowood; un libreto que tiene escrita mi historia. Podría hojearlo, saltar de capítulo en capítulo y ver por qué he vivido lo que he vivido. Hasta podría saltar a la última página; pero, ¿qué sentido tendría irse directo al final sin saber la historia previa?

Si te fueras a la última página y leyeras la última frase en la que dice *"Gracias por todo. Adiós."*, no tendría ningún significado para ti. Así que vas a la primera página y vives cada capítulo de la historia como la vive el personaje: en tiempo presente.

Cuando vas al cine a ver una gran película, no quieres que nadie te cuente los detalles y menos el final. Tampoco te gustaría tener a alguien al lado tuyo diciéndote a cada momento lo que va a suceder. Vas al cine porque sabes que es una gran película porque todos te dijeron *¡Es buenísima! No te cuento nada porque ¡tienes que verla!*

Y cuando la veas, cuando conozcas la historia, los conflictos, y cuando veas cómo se desarrolla la trama, habrás comprendido un mensaje que tocó las más profundas fibras de tu sensibilidad. Solo dirás: *¡Maravillosa! ¡Qué gran historia, qué gran película!*

La diferencia con la vida es que mientras la estás viviendo y le preguntas a Dios por qué te pasan las cosas, solo te responde: *No te adelanto nada porque ¡tienes que vivirlo!*

Es como si antes de nacer, antes de encarnar el personaje de tu vida, te dijeras a ti mismo *va a ser una gran película; tiene todo lo que una buena historia tiene que tener: humor, suspenso, conflicto, desazón, romance, esperanza, giros inesperados, superación... ¡Tengo que dar lo mejor de mí!*

Si bien esta imagen del libro de mi vida que se me vino a la mente me quitó la ansiedad sobre el futuro, también hizo que me preguntara: "Si en el libro de mi vida está ya todo escrito, ¿dónde queda mi libre albedrío?".

Y la voz volvió a contestarme: "De lo que se trata no es que sepas lo que tengas que elegir o no, sino por qué lo estás haciendo".

Algo similar ocurre en la segunda película de *La Matriz* (*The Matrix, 1999*), cuando la pitonisa le dice a Neo (el personaje principal): "Si estás aquí ahora, no es para escoger; tú ya elegiste. Has venido a intentar comprender por qué lo hiciste".

Te está pasando lo que te está pasando porque antes de nacer "elegiste" previamente lo que ibas a vivir. Todo lo que te está pasando y todo lo que te va a pasar ya lo trazaste. Lo hiciste para poder experimentar y entender en carne propia lo que te propusiste.

Para que lo entiendas mejor, te doy este ejemplo:

Cuando escoges ir de vacaciones tomas un catálogo con una amplia gama de ciudades, playas, museos, vida nocturna, etc. Supongamos que quieres hacer turismo de aventura. Quieres ir a la selva a enfrentarte con un cocodrilo porque ansías salir de tu rutina y sentir adrenalina. Escoges ir por tierra, avión, barco... Escoges el hotel... escoges todo lo que quieres y necesitas, y te vas de viaje.

¿Por qué escoges todo ello?

Porque quieres vivir esa experiencia que viste en el catálogo.

Al comprar el paquete turístico, ya elegiste; ya sabes a dónde vas a ir y con qué cocodrilo te vas a enfrentar; quieres ir a tu destino para vivir la experiencia y solo esperas el momento de experimentarla.

Quieres saber por qué mucha gente hizo balsismo, escaló montañas o estuvo en la selva; quieres saber cómo es esa experiencia. Si bien te contaron cómo es, e inclusive viste varios videos y tienes además toda la información, quieres vivir en carne propia las emociones o sentimientos que producen estas experiencias.

¿Quieres saber por qué pasan las cosas? Porque tú ya elegiste; ahora solamente estás experimentando en carne propia lo que deseabas aprender.

Aprender a decir no, aprender a soltar, aprender a recibir, aprender a ser valiente, aprender a dar pasos nuevos. Al principio puede parecer duro, sacrificado o doloroso, pero cuando entiendes que tú lo elegiste, el sufrimiento desaparece porque llega la consciencia.

La consciencia de que estás experimentando una vivencia en cuerpo físico para que tu alma, tu espíritu, tu esencia, o como quieras llamarlo, se llene de entendimiento con conocimiento de causa, y sea eso lo que te transforme.

Así que en este paquete de turismo de aventura que elegiste vivir en el planeta Tierra dijiste *voy a experimentar lo que es la soledad, lo que es la superación, lo que es dar sin pedir nada a cambio, lo que es valerse por sí mismo.* Entonces, encarnas. Naces y empiezas a vivirlo en carne propia. ¿Por qué te pasan las cosas? Porque ya lo habías escogido; solo que en ese momento estás en "ese capítulo" en el que te toca aprender aquello que estabas esperando experimentar. Es el momento de ese capítulo en el que entiendes en carne propia lo que se siente hacerle daño a alguien; y, tras experimentarlo, te dices: "Ya sé lo que se siente; ya no volveré a hacerlo".

¿Y en qué deriva eso?

Pues, capítulo 20: "Como decidí ya no hacer daño...".

Y empiezas otra etapa en tu vida con un nuevo entendimiento. Has entendido por qué pasan las cosas. Tu esencia ha adquirido la experiencia de la teoría y esa vivencia te ha hecho crecer como Ser.

Te doy un último ejemplito del porqué pasan las cosas:

Con la certeza que tenía en sus propios cálculos y para probar su Teoría de la Relatividad General, Albert Einstein necesitaba fotografiar un eclipse de sol.

En 1912, invitó a la comunidad de astrónomos para probar con dicho experimento la validez de su teoría; no obstante, no recibió como respuesta más que el silencio de sus colegas. No era sencillo encontrar a un astrónomo que tuviera el tiempo y los recursos para embarcarse en una empresa de esa magnitud.

Fue una gran decepción para Einstein, puesto que el siguiente eclipse sería recién el 21 de agosto de 1914 y el mejor lugar para observarlo era en Rusia.

La propuesta de Einstein llegó a oídos de Irving Finlay Froilich, un joven asistente del observatorio de Berlín, quien, con esta oportunidad de ganar prestigio, acudió al llamado. Posteriormente, Froilich consiguió el interés de William Wallace Campbell, un experto en fotografía de eclipses, que era el director del observatorio de Lick cerca de San José-California en los Estados Unidos.

Ambos astrónomos se embarcaron en un largo viaje desde Berlín a Crimea llevando lo mejor de su equipo. Einstein tenía depositada la esperanza en las manos de estos dos astrónomos, porque, por fin después de varios años de concebida su teoría de la relatividad, podría esta finalmente comprobarse ante la sociedad científica.

Sin embargo, el 11 de junio de 1914 es asesinado el archiduque de Austria, Francisco Fernando, y el Kaiser le declara la guerra a Rusia. No hubo cómo advertir de este suceso a los aventureros astrónomos; por lo que un día, los soldados rusos intervinieron sus campamentos. Requisaron el equipo y apresaron a Froilich y a sus asistentes bajo sospecha de espionaje; mientras que Campbell, por ser americano y neutral, fue dejado en libertad. Froilich quedó varios meses preso y no llegó a observar el eclipse. Campbell, por su parte, tuvo mala suerte con las nubes ya que no pudo hacer sus registros fotográficos por el mal clima y, tuvo además, que dejar su valioso equipo. Fue una nueva gran "derrota" para Einstein; el siguiente eclipse sería en junio de 1918.

Seguramente Einstein estaría preguntándose *¿por qué me pasa esto?*

La respuesta sería: porque en medio de los albores de la Primera Guerra Mundial, Einstein que era hostilizado en Alemania por su abierto pacifismo contrario a la guerra, se refugió en la ciencia y empezó a revisar sus ecuaciones. Al revisar sus cálculos sobre la desviación de la luz mientras esta rodeaba al sol, se dio cuenta "fortuitamente" de que había cometido un error.

Si Froilich o Campbell hubiesen tenido una buena observación del eclipse años atrás, habrían encontrado que la desviación de la luz era la mitad de lo predicho por Einstein y esto hubiese desacreditado su teoría.

Por eso pasaron las cosas.

Einstein tuvo el tiempo necesario para replantear sus cálculos. En 1916 publicó su teoría con la ecuación corregida, pero fue recién con el eclipse de septiembre de 1922 cuando se le dio la razón.

Aquella "desgracia", que le ocurriera por causa de la guerra y un cielo encapotado fue la gran bendición que le permitió darse cuenta de su error y corregirlo.

A veces, que te ocurra lo que más temías que te sucediera, es lo mejor que pudo haberte pasado. Tu mayor desgracia puede ser tu mayor bendición. Si bien sé que puedes decirme *¿cuál es la bendición de tanta desgracia en mi vida, de tanto fracaso?* pues te contesto que si bien "externamente" puede no tener un tinte de bendición, no sabemos qué es un fracaso y qué es un logro para los planes del alma en este su eterno aprendizaje.

Pregúntate cuál es el sentido de nacer en una cuna rica, o en la soledad de un desértico pueblo, o que un bebé nazca sin vida. Pregúntate ¿por qué pasa eso? ¿Simple ocurrencia misteriosa de Dios? Y, si así fuera, ¿cuál crees que sería el sentido de esa ocurrencia?

*No juzgues a las personas
sin conocerlas;
tampoco conociéndolas.*

CREENCIAS NUEVAS

¿Para qué he usado tanto este ejemplo de las religiones?

Para que entiendas porqué a veces no eres tú, sino tu programación; para que entiendas cuál es una de las causas de tus reacciones subconscientes; para que te des cuenta de que tu "libre albedrío" no es tan libre; y para que veas que muchas de tus culpas tienen origen en la desinformación.

Pero quiero ir más lejos aún con esto de tu "normal" conducta inconsciente y condicionada: así como un puñado de personas ha manipulado durante siglos por medio de la creencia, de la culpa y del miedo a través de las religiones, hoy también es un puñado de personas el que nos manipula de una manera más sutil con otro tipo de creencias, que no son religiosas precisamente, pero que logran en nosotros una determinada e inconsciente conducta.

Las creencias que se nos imponen ahora tienen que ver con una vida "plena y feliz"; con el éxito, la superación, el bienestar y los sueños hechos realidad. Todo esto es ahora la "religión" por la que muchos luchan día a día. El miedo que se induce ahora no es al infierno, es al fracaso; y la culpa ya no va dirigida a tu castidad, sino a ser "mediocre"; a no lograr obtener esto o aquello; a que no estés a la moda, a que no logres tener dinero y triunfar socialmente. Se nos inducen creencias de "felicidad" y se nos induce a "ser los mejores".

Desde niños se nos moldea dentro del marco de la oferta y la demanda a través de la competencia. Te enseñan a competir por una mejor nota; te inducen a ser el mejor, a obtener el dibujo de la carita feliz en tus exámenes y a obtener los halagos respectivos por haber sobresalido de entre los demás. Te incitan a la individualidad y no a la comunidad; te inducen a la ley "del más fuerte".

La gente cayó ingenuamente por siglos ante quienes manipularon las religiones; hoy caemos de igual manera ante la manipulación comercial de la industria; sucumbimos ante la publicidad y el modelo de una vida plena y feliz.

Ahora se manipula a través de una veintena de corporaciones que nos inculcan creencias con la economía, el comercio, la salud, la alimentación o la tecnología. La economía del planeta está manejada por unas pocas familias a través de unas cuantas grandes corporaciones.

¿Cómo influyen estas corporaciones en nuestras creencias?

Te manipulan con lo que te gusta: "bienestar", entretenimiento, salud, y comida. Y en vez de manipularte con una escritura sagrada, utilizan publicidad ya que eres el objetivo principal de la industria; eres el eslabón final de la cadena; eres el consumidor; el cliente que hace prosperar su economía.

Consumes no solo productos, sino también ideas. Y para venderte un producto tienen que meterte una idea en la cabeza; tienen que hacerte "creer" en algo. Te generan una "necesidad" para ofrecerte una solución. Te vuelven un adicto a la comida, a la belleza, a la tecnología, a la diversión, al dinero, al consumo...

Te generan la creencia de: si no compro esto, me frustro. Si no consigo aquello, soy un mediocre. Si no me veo bien, me deprimo. Si no tengo dinero, soy un fracasado.

La "felicidad" es ahora el pretexto para vender un producto; y la publicidad es el medio para mantenerte cautivo. La publicidad nos muestra día a día a gente "feliz" consumiendo tal ropa, tal maquillaje, tal empleo, tal comida, tal bebida... y si tú compras lo mismo, también serás feliz y tendrás la oportunidad de darte ese estatus entre los demás. Cuanto más consumas y más logros tengas, más feliz serás en esta religión del éxito; así que *lucha por lo que quieres y pásala bien porque solo se vive una vez.*

"Lucha por lo que quieres" significa "lucha por el auto que quiero venderte y te aseguro que vas a ser feliz". "Lucha por el hombre que amas, que yo tengo a la venta el vestido sexy con el que vas a conquistarlo". "No dejes de soñar, que yo tengo la casa de tus sueños, sin intereses, y a veinte años plazo". "Siéntete exitoso que yo vendo la ropa de marca carísima solo para gente de élite".

"Realízate como persona, que nuestra universidad tiene el doctorado que hará la diferencia, y para ello tenemos un 25% de descuento si lo pagas al contado". "Forma parte de nuestro selecto club de clientes Vip con único pago anual". "Ámate a ti misma y no te descuides de tu cuerpo, porque con nuestra oferta podemos ayudarte a ti y a una amiga a perder peso por el precio de una". "Disfruta de este lujoso y exclusivo condominio (lejos de la chusma) que tenemos para gente como tú". "Acércate a Dios, que con tu fe, con tu bondadoso diezmo, y con nuestra amorosa guía, lograrás la felicidad eterna de tu alma".

Se repite lo que ha sucedido por milenios: que no seas tú; que tengas que vivir como una institución, una corporación o una "sociedad anónima" (escudada en la felicidad), te dice que lo hagas.

Con esto no quiero decirte que no estudies, que no compres una casa para tu familia, que no te fijes en esos kilitos de más, ni que dejes de conquistar a esa persona que te tiene suspirando, sino que nada de eso es imprescindible para hacerte una mejor persona. Puedes tenerlo todo y, aun así, no ser feliz. Conseguir todo ello puede mantenerte tan ocupado física, mental y emocionalmente, que paradójicamente te descuidas de ti mismo por tratar de ser feliz (de ser el "estándar de ser feliz").

> *"Pierden la salud para ganar dinero y después pierden el dinero para recuperar la salud. Por pensar ansiosamente en el futuro, no disfrutan el presente, por lo que no viven ni el presente ni el futuro. Viven como si no tuviesen que morir nunca y mueren como si nunca hubiesen vivido".*
>
> (Dalai Lama)

Estás tan distraído con esta creencia de ser feliz, de ser exitoso y de tener estos "logros personales", que tu estabilidad anímica depende de la estabilidad de tus logros por encima de aquello que consideras "fracasos". Y así, tu vida es un vaivén de alegrías y tristezas a lo cual denominas "normal"; que así es la vida, con sus altas y sus bajas.

¿Cuál es tu parámetro para definir lo que son altas y lo que son bajas? ¿Vivir en un pequeño cuarto es una baja y vivir en una casa es una alta? ¿Ir en bus es una baja y tener chofer es una alta? ¿Si no tienes esto o aquello, no eres feliz?

No me extrañaría que me digas *yo soy feliz con lo poco que tengo*. Pues bien, ¿y si perderías lo poco que tienes?

También podrías decir *soy feliz como estoy*; sin embargo, si "creyeras" que pudieses estar mejor de lo que estás, ¿harías algo para conseguirlo?

Te hacen creer que consumir ciertos productos es saludable, y emprendes un estilo de vida en basándote en eso. Desde niño ya te dicen cómo vivir, haciendo uso de la imagen de tus héroes en los vistosos empaques de los productos que consumes, y crees que estás alimentándote sanamente porque la imagen del indestructible súper héroe (sea de ficción o de algún deporte) es la que está en tu caja de cereal.

A finales de los años cuarenta, la empresa de cigarrillos marca *Camel* hizo publicidad en televisión utilizando como protagonista a un doctor que, después de un extenuante día de trabajo, se prendía un cigarrillo para disfrutarlo diciéndole a la audiencia: "De acuerdo con las encuestas, doctores de todas las especialidades y de todos los lugares del país, prefieren Camel".

No contentos con meterte esa idea de bienestar antiestrés, las empresas tabacaleras aumentaron la dosis de nicotina para generar mayor adicción y para tener más consumidores, sin importarles en lo más mínimo la salud de sus clientes.

Al igual que siglos atrás, la humanidad es sometida ante los intereses de unas pocas personas, de unas pocas familias, que son las que manejan económicamente al mundo.

Lo peor de todo es que mucha gente no se percata de ello porque cree que no hay tal impacto en su vida. Simplemente se siente bien; tiene su trabajo, su familia, su fútbol, su tenis, su mundo. No le importa lo que pase afuera, porque no se ha dado cuenta de su esclavitud voluntaria: *Mientras no me falte nada de lo que necesito, que los demás hagan lo que les dé la gana. Así es la vida.*

Mucho (por no decir todo) de lo que necesitas viene de estas corporaciones. No estoy en contra del "progreso", sino de la obsolescencia programada y de la incitación al consumismo fatuo.

Más de una vez hemos escuchado que en la antigüedad había la "creencia" de que la gente hacía pactos con entidades "no muy buenas". Vendían su alma a cambio de fortuna, longevidad, fama, sexo, poderes mágicos o la vida eterna. Estos deseos serían concedidos siempre y cuando el interesado renunciase a su dios y entregase su alma a estas entidades. De esta manera, estas almas serían gobernadas por la oscuridad y apartados del verdadero camino de la Luz.

En la actualidad, mucha gente persigue lo mismo; busca esa misma "felicidad", solo que en vez de decir opulento, se dice millonario; en vez de fama se dice prestigio, en vez de sexo, se dice pasarla bomba; en vez de poderes mágicos, se dice poder político, poder de influencia, poder mediático. En vez de longevidad, se dice verse bien gracias a todos los métodos *anti-aging* y, en vez de vida eterna, la gente desea inmortalizarse en el recuerdo de las personas y en la memoria de la sociedad.

Así que ahora, para conseguir esta "felicidad", el pacto que haces consiste en vender tu integridad, tu tiempo, tu dignidad, tu salud, tu orgullo... es decir, tu alma misma.

Cuando le preguntas a alguien ¿qué es la felicidad?, sueles escuchar *felicidad es tener todo lo que necesitas; es tener todos tus anhelos cumplidos. Es sentirse a gusto. Es que te vaya bien en la vida.*

"Que te vaya bien en la vida" significa para mucha gente (no para todos, obviamente) tener tu casa, tu auto, dinero suficiente, buena salud, éxito laboral, un matrimonio estable...

Si tienes todo esto, podrían decirte que te va bien en la vida y que podrías considerarte una persona feliz, porque estarías en un estándar de bienestar social. Entrarías en lo que muchas instituciones internacionales esperan del progreso; es decir, que tengas salud, dinero y amor.

¿Pero de qué depende esta creencia de la felicidad? Se sabe que ni la salud ni la educación ni el dinero son relevantes para ser felices. Mucha gente relaciona felicidad con reír y estar de buen humor, pero esto puede ser únicamente un proceso intelectual. Puedes tener una vida agradable, con diversión, entretenimiento, y adrenalina, pero no necesariamente como un sinónimo de felicidad, por más que hayas tenido momentos amenos, agradables y divertidos.

Si pretendes ser feliz, hacer un viaje, lograr un aumento de sueldo, estudiar una maestría o ganarte la lotería no son la solución, porque, después de esa euforia, en menos de tres meses vuelves a los niveles de satisfacción que siempre tuviste según tu forma de ser.

Después de que te dieron ese ascenso en tu trabajo o de que lograste hacer marchar tu negocio, evidentemente tendrás más dinero, pero tu percepción de la vida será la misma de antes. Cuando tienes tus necesidades económicas básicas cubiertas no eres más feliz que una persona rica. Los unos se emborracharán con el *whisky* más caro y los otros con el más barato; ambos habrán bailado, se habrán divertido, reído, llorado y hasta vomitado. Ambos celebrarán sus triunfos, llorarán sus tristezas, pensarán en sus problemas o contarán sus esperanzas. Ricos o pobres.

El uno se enferma de los nervios porque debe mil dólares y el otro se enferma de los nervios porque debe un millón. Los dos se enferman de la preocupación más allá del monto que deben. "Ricos" y "pobres"; ninguno es más feliz que el otro y ambos sentirán el mismo alivio al pagar su deuda, poca o mucha.

Esta "felicidad" a la que me refiero es como estar engolosinado con algo o alguien; es como estar enamorado en vez de amar. Estar enamorado es precisamente eso, un estado, no una esencia. Te enamoras de un auto; lo compras y eres feliz. Luego, la magia desparece y buscas uno nuevo, uno mejor, uno más lindo; y así es con todo. Te enamoras de una persona, eres feliz por un tiempo, luego algo hace que no cuadre en tu esquema de lo que es felicidad y terminas la relación. Despareció la felicidad, así que buscas o estás a la espera de una persona "mejor" para ti.

El hecho es que esa "felicidad" que muchos buscan no es otra cosa que una programación cultural, una "creencia" creada. Lo que para algunas sociedades es prestigio, para otras es una ridiculez.

Muchas personas no son felices porque no tienen el dinero para comprar aquello que creen que puede darles felicidad; y muchos millonarios tampoco son felices, aún teniendo todo el dinero con el que tampoco pueden comprar aquello que creen que puede darles felicidad. Ambos ven la felicidad como algo externo y ambos se distraen de sí mismos por conseguirla. Se sienten tan estresados, tan abrumados, tan cansados, que deciden salir a "distraerse".

Es común y hasta saludable "distraerte" un poco para salir de la rutina. Tener alguna actividad placentera que haga que tus pensamientos se centren en otra cosa y se alivie tu cansancio o tu estrés. Esto es bastante sano. Altamente y hasta urgentemente recomendable.

Sin embargo, ¿qué sucedería si te la pasas todo el tiempo "distrayéndote"? Pues seguramente te dirían que tienes un problema. ¿Y por qué sería un problema? Porque distraerse también significa alejar, apartar, desatender, olvidar, despistar o descuidar.

Y esto es algo que nos ocurre constantemente sin darnos cuenta.

Posiblemente pienses que he dado ejemplos muy exagerados y dramáticos en torno a situaciones muy simples y normales de la vida, pero la pregunta es, ¿qué es "normal" para ti?

Un ejemplo de ello: desde la Roma antigua se proporcionaba comida y entretenimiento como una forma de mantener al pueblo distraído de la política. A esta forma de distracción se la llamaba "pan y circo". Entre sus espectáculos había la lucha entre gladiadores, así como también luchas entre animales feroces y hombres, sean estos gladiadores o condenados a muerte. Más tarde se utilizaría a cristianos como carnada para esta popular "diversión".

El público asistente no solo se divertía viendo este cruel espectáculo, sino que hasta pedía la ejecución del protagonista volteando el pulgar hacia abajo. Eran espectadores y verdugos a la vez.

Si te transportaras en el tiempo y estuvieras en el coliseo romano, y vieras cómo la gente se "distraía" divirtiéndose al ver a hombres devorados por las fieras, seguramente te quedarías estupefacto y dirías ¡esto no es diversión, esto es inconsciencia; una locura!

Pero para ellos (según sus creencias) eso era "normal" y "divertido". No se daban cuenta de su barbarie. Tú ahora no podrías permitir ese tipo de "diversión", porque estás obrando desde una consciencia superior a la de esa época.

Sin embargo, pese a que puede parecerte una locura lo que acabo de describir, no te parece ninguna locura estar en el cine en una sala 3D viendo cómo la sangre "te salpica" mientras ves mutilaciones en cámara lenta, mientras sorbes tu gaseosa y comes tus palomitas de maíz "divirtiéndote" con una película catalogada "de acción".

Eso no te parece insano, no te parece inconsciente. Te parece "normal"; y, además, te parece normal que se lleve una matanza a la pantalla grande para que la gente se "distraiga". Millones de dólares invertidos para que la matanza se vea lo más real posible.

Así como antes era considerado una diversión (incluso en familia) ver que dos gladiadores se flagelen y se maten, ahora a mucha gente le gusta ver cómo dos personas se flagelan en un cuadrilátero cubierto de rejas o cómo se asesina a toros en una corrida. *"Necesitaba distraerme", "pasar un buen rato".*

¿Cómo hubiera sido una nota periodística en directo para la televisión en esa época romana? ¿Cómo hubieran sido las entrevistas?

—Estamos aquí en directo con el gladiador Constantino Augusto. Gladiador, ¿cómo se siente después de haber decapitado a quince cristianos en menos de dos minutos?

—Bueno sí, ha sido una matanza muy difícil, pero el público salió contento. Volteamos taquilla y ahora nos prepararemos para el torneo nacional.

La violencia desde tiempos inmemoriales, pasando por el cine, y terminando en los juegos de tu teléfono celular, son parte de una programación que hace que no seas tú; te han programado de manera paulatina, "distrayéndote" con violencia disfrazada de "acción". Pan y circo para distraer al pueblo. Se ha perdido la noción entre inconsciencia y distracción, entre divertirse y perderse, ya que es... "normal".

Vivir "distrayéndose" de manera constante nos aleja de encontrar y superar la causa de nuestras frustraciones, de nuestros dolores o nuestras decepciones. Nos mantiene en la "oscuridad" y solo estamos postergando nuestro avance. Solo esperamos a que, con la distracción o con pensar en otra cosa, se nos pase el mal momento, la frustración, la tristeza, o el resentimiento. Además que nos aferramos al benévolo tiempo que cura todas las heridas, hasta olvidarse, hasta que no duela, hasta que deje de importar.

Evidentemente, el dolor puede aliviarse con el tiempo, pero puede activarse en cualquier momento ante un evento similar al anterior, porque no lo hemos procesado en lo profundo de nuestras creencias y programaciones. La distracción constante solo te aleja de ti mismo. Vives en una distracción sin darte cuenta; vives haciendo lo que la mayoría hace y ya no diferencias cuándo es diversión y cuándo, inconsciencia.

Estar deprimido, estar decepcionado, estar ansioso o negativo también es una distracción; una distracción basada en una creencia. Buscas cosas para sentirte completo porque estás programado para creer que necesitas algo externo para sentirte bien.

Por eso buscas gente para sentirte bien, compras cosas para sentirte bien; y paradójicamente dejas de ser tú, para estar bien con alguien o con algo. Te pasa con la pareja, te pasa en el trabajo, te pasa con la religión, te pasa con la espiritualidad. Y va a seguir así hasta que no veas las cosas con otros ojos, con otro pensar, con otro entendimiento.

Son nuestras creencias personales y colectivas las que marcan el paso del mundo; y es la industria, a través de un mercadeo multimediático, la que modifica tus creencias a una velocidad vertiginosa; es la que escribe la historia del planeta siendo nosotros los personajes de sus guiones; el "tonto útil", el que únicamente acepta, el que no cuestiona, el que solamente se divierte, el que consume y el que lo presume.

Y la gente se pregunta una y otra vez, ¿por qué el mundo está cómo está?

Ese dominio de las personas a través de la economía y de la industria ha alterado grandemente nuestras creencias y nuestra forma de vida, y además nos va afectando emocionalmente sin que nos percatemos. El solo hecho de vivir en una sociedad de consumo en exceso, nos vuelve competidores; nos enfrenta; nos discrimina; nos enferma; nos separa; nos pone ansiosos por el tema dinero, por los bienes, por el éxito, por el estatus, por el futuro. Hace que vivamos una vida con creencias que no nos llevan a adentrarnos en las profundidades del alma.

Ese estrés, más la distracción a través del entretenimiento, de la diversión desenfrenada, nos aparta de la esencia de nuestra existencia. Y no es hasta que a muy avanzada edad, e incluso hasta poco antes de morir, que muchos se preguntan ¿cuál es el verdadero sentido de la vida? ¿Cuál es la verdadera razón de la existencia?

Aquello que nos une y nos separa a las personas no son las diferencias, sino los valores, las creencias. No se trata de cambiar de conducta, sino de creencias; solo así podrás dejar ir todo aquello que no te hace bien y que crees que proviene de una "misteriosa voluntad divina".

Y una vez más:

> *Hasta que lo inconsciente no se haga consciente, el subconsciente seguirá dirigiendo tu vida y tú le llamarás "destino".*

Eres el camino,
no la meta.

DESTINO

También puedes pensar que todo aquello que te sucede es porque así está escrito en tu destino. Es común referirte a tu destino como algo que te tocó y te tocará vivir. Piensas que tu ventura o desgracia en el amor es producto de tu destino y que nada puedes hacer al respecto.

Tu destino es ser exitoso, viajar mucho, sufrir mucho, vivir en otro país, ser presidente, ser un futbolista famoso... o tal vez un don nadie absolutamente anónimo.

Sueles pensar en el destino como una conclusión, como el punto álgido de la vida de una persona o el punto más característico de la vida de alguien: *Su destino era ser un trotamundos.*

Se dice que el destino es un poder sobrenatural ineludible, que guía la vida humana y la de cualquier ser hacia un fin no escogido, y además en forma opuesta al libre albedrío. Si bien en muchas religiones nos dicen que Dios nos dio el libre albedrío, muchas también se han encargado de ponerle límites. Recuerdo que en la película *El Abogado del Diablo,* el malo de la historia se burla de ello, diciendo:

> *"A Dios le gusta observar, es un bromista, piénsalo. Dota al hombre de instintos, te da esta extraordinaria virtud ¿y, qué hace luego? Los utiliza para pasárselo en grande, para reírse de ustedes al ver cómo quebrantan las reglas. Él dispone las reglas y el tablero, y es un auténtico tramposo: Mira, pero no toques... Toca, pero no pruebes... Prueba, pero no lo tragues"...*

Parecería que a Dios (según algunas creencias) se le ocurrió escoger tu destino de manera curiosa y arbitraria, porque, pese a tus esfuerzos, aun así te va mal, mientras que al vago machista y ateo de tu vecino ¡le va de maravilla! A ambos puso Dios a prueba: a ti con toda una tortuosa y dolorosa vida, y al otro con una vida maravillosa llena de bienestar y salud. Pero si los dos no cumplen a la perfección con la voluntad divina en torno a sus mandamientos, el destino de ambos será el infierno. Por lo menos el vecino habrá tenido una encantadora vida, mientras que tú...

Además de que en ese destino también están descritos tu forma de ser; tu sensibilidad, tu inteligencia, tus emociones, tu carácter, tus sentimientos. Todo ello te tocó en este "azar" o en esta "divina voluntad", te guste o no. Recibes destrezas para la vida, pero tal vez sin oportunidades.

Si tu destino ya está escrito y no puedes cambiarlo porque es el designio de Dios, qué gracia tiene estudiar (por ejemplo) medicina, si tu destino era no ejercer tu profesión nunca. ¿Por qué entonces Dios nos da el libre albedrío, si igual nos tiene designado un futuro preestablecido?

¿De qué te sirve haber llevado una vida honesta si nunca te convertiste a una determinada religión? Sabemos de mucha gente que ha vivido desde la niñez cumpliendo a cabalidad con su religión y aún así ha tenido una vida tortuosa.

Muchos se preguntan ¿por qué Dios permite que hayan niños abandonados, hambrientos? ¿Por qué les da ese destino a seres inocentes que ni siquiera saben de qué se trata la vida? ¿Por qué Dios predestina guerras en vez de que los humanos nos amemos los unos a los otros? ¿Por qué Dios pone tantos dioses para que sus seguidores se peleen por ellos? ¿Qué destino es ese? ¿Qué gracia tendría vivir una vida dura, seas creyente fiel o no? ¿Por qué esas pruebas tan dispares?

Se suele decir que es necesario que sepas lo que es el sufrimiento para que sepas lo que es la felicidad, pero ¿qué hay de aquellos niños que solo conocieron el sufrimiento y murieron antes de saber lo que era la felicidad? ¿Misterio de Dios? Y, en el caso de que seas ateo, ¿quién sabe por qué?

¿SABES LO QUE CREES?

Años atrás escuché una charla que sostenían un par de amigos míos. Uno, católico apostólico romano y el otro, ateo. El ateo, era tan irreverente en torno a los temas de Dios, que mi amigo católico no pudo evitar el juicio:

—¡Te vas a ir al infierno porque no crees en Dios!

—¡Pues te veo allá!

—¿Cómo que "te veo allá"?

—Tú que dices ser católico, eres infiel a tu esposa (eres así, eres asá; haces esto, haces aquello; y toda una sarta de "pecados" que le echó en cara). ¿De qué te sirve ser católico si no cumples? Por lo menos yo soy honesto. Y no soy el típico hipócrita que dice tener una religión cuyos mandamientos ¡no cumple! Así que nos vemos allá.

Ahí acabó la conversación.

Otros hablan de karma. Vienes a "pagar" por tus acciones de la mejor o de la peor forma. Imaginemos que vienes a aprender de la carencia económica. Por más que busques trabajo o intentes hacer negocios, siempre te irá mal y andarás con los bolsillos vacíos; por muchos años; toda tu vida inclusive.

Pero cuando hablas de karma, se supone que este desaparecerá cuando aprendas la lección, no cuando te mueras. La pregunta es ¿cuánto tiempo tardas en comprender la lección y cuánto tardas en hacer algo al respecto? Y así pasas tu vida, resignado. No has aprendido nada, salvo acostumbrarte en este caso a la carencia; solo dices *"estoy pagando mi karma"*, *"así lo quiso Dios"*.

Entras en tu zona de confort: tu aparente estado de comodidad o resignación que te lleva a la justificación perfecta para no hacer, no crecer, no arriesgarse, no vivir, y esperar a morir para pagar tu karma, o para que se cumpla con la misteriosa voluntad de Dios.

Con este ejemplo de la carencia económica, mucha gente cree que cuando muera, alguien del otro lado le dirá "Qué bien. Ya has sufrido mucho por la carencia toda tu vida; por lo tanto, ya has pagado tu deuda. La próxima vida ya no tendrás carencia".

Error.

Repito: si el karma queda saldado en el momento que se aprende la lección, no tendrías que vivir toda tu vida en pobreza, sino hasta el momento en que entiendas lo que traía la carencia para ti como aprendizaje. Mientras no te des cuenta y te mantengas "aceptando y cumpliendo" de manera inerte con el karma, nada va a cambiar; no solo en esta vida, sino en todas las que vengan. Hasta que lo identifiques, lo comprendas, lo trabajes y lo trasmutes.

Este ejemplo de "karma de carencia" lo utilizo para ilustrar de la misma manera un karma de "enfermedad", de sufrimiento o de fracaso amoroso. Mucha gente se limita a solo aceptar "conscientemente" el karma que le tocó vivir, pero sin profundizar en el aprendizaje: "Seguramente en otra vida fui rico y ahora me tocó ser pobre. Ni modo, habrá que aguantárselas de la mejor manera siendo positivos".

Te resignas ante tu destino y te quedas en tu zona de confort espiritual. No te das cuenta de que día a día el enfrentarte con aquello que te aqueja no es otra cosa que la oportunidad de entender el porqué estás en esa situación. No se trata de conseguir un trabajo y perderlo, conseguir otro y volverlo a perder, sino de entender por qué no puedes mantenerte en un trabajo estable. No se trata de decir *tengo mala suerte en el amor; siempre me toca el mismo tipo de pareja;* tienes todos los días de tu vida para darte cuenta (por la repetición de los acontecimientos que te ocurren) de dónde está el error, y por qué sigues repitiendo las mismas situaciones.

¿Qué es aquello que no has aprendido para que sigas saltando de trabajo en trabajo o de pareja en pareja? No es que el karma te diga vas a ser pobre por muchos años, sino que vas a ser "pobre" (incluso en lo conceptual de tu existencia) mientras no te des cuenta del porqué, y es así que pueden pasar muchos años o toda una vida.

Y si no lo entiendes en esta vida, seguirás viviendo las mismas circunstancias de carencia (económica, afectiva, etc.) en las próximas. La muerte no te libera de esa carga; simplemente vuelves a nacer (reencarnas) en un nuevo escenario para que lo intentes otra vez.

Uno suele pensar que el problema está afuera, en las circunstancias o en personas "causantes" de tu frustración. Es como si en la universidad le echaras la culpa de tu aplazo a los exámenes y no a tu falta de estudio. En la universidad te va a tocar la misma materia hasta que la apruebes, no hasta que acabe el semestre. Lo mismo es con la reencarnación, en este caso.

Y para quienes creen en la resurrección: pues no importa cuán mal te haya ido, siempre y cuando creas en Dios, porque, si no lo haces, encima de haber vivido mal, te irás al infierno (vaya... lindo destino). O, por el contrario, viviste toda tu vida haciendo daño y de los peores, pero como te arrepentiste en el último segundo, no hay problema: bienvenido al Paraíso.

También podríamos pensar que para algunas religiones existe un "supra" destino; un destino ulterior; un destino más allá del que llevaste en vida como ser humano. Un destino ulterior sería, en este caso, el destino de tu alma. En el caso de alguna religión de línea evangélica, tendrías solo dos opciones: O, el infierno o el paraíso. No habrá importando cómo fue tu destino como humano; no habrá importado si te fue bien o mal en la vida; lo único importante habrá sido que hayas creído en ese dios y que hayas obedecido fielmente sus mandatos.

En el primer tomo de *El Ser Uno* (Franca Rosa Canonico de Schramm) encontramos lo siguiente sobre lo que es el karma:

> *"Es el sufrimiento que carga en su vida por no entender la causa, el efecto y el destino. Al no comprender lo que le sucede y al no saber cómo rectificarlo, llora, sufre, se angustia y culpa a la mala suerte de su destino. Karma es sinónimo de falta de entendimiento. Al no conocer el origen de tus males, los atribuyes al destino. Una vez comprendido y rectificado, lo convertirá en Dharma".*

¿Y qué es el destino según el libro *El Ser Uno*?

> *"Es una dirección, un camino que la energía-pensamiento toma, para concluir un entendimiento que se trabajó con esfuerzo y sacrificio. La dirección se toma por el entendimiento de la causa y el efecto. Es el origen, el comienzo de un pensamiento, que se ejecutó correcta o equivocadamente. El destino hará que retome el camino inconcluso, para continuar lo correcto o rectificar la equivocación. Muchas veces, el ser repetirá ese destino de vida en vida, con el solo propósito de entender la causa y corregir el*

*efecto. En pocas palabras, **"el destino es la continuación o la rectificación de la causa y efecto"**.*

Supongamos que tienes que hacer un viaje de negocios a varios lugares. Entiendes que tienes que hacerlo para ampliar tu mercado, así que trazas un plan para llevarlo a buen término. Tú decides las diferentes rutas a seguir y las actividades en cada tramo. Estarás cumpliendo con el destino trazado, porque tener un destino es tener un plan, es dirigirse a algún objetivo, encaminarse a ello, ponerlo en marcha; y ese plan trazado hay que cumplirlo día a día. Pero si te fuera mal en ese viaje, tendrías que repetir las rutas y las actividades para rectificar los errores; es decir, trazarías nuevamente tu camino a seguir.

En otras palabras, el destino es (en sinónimos):

El itinerario

La dirección

El rumbo

El camino

El curso

La trayectoria

La guía

La ruta

La ocupación

La responsabilidad

La designación

La disposición…

…que haces para continuar o rectificar una causa y su efecto. No es una meta al final del camino, sino que la meta es la continuación o la rectificación durante el camino mismo.

Es como en la universidad: volver a pasar las materias en las que no te fue bien; tendrás que rectificarlas para poder pasar al siguiente nivel. Una vez que las apruebes, tendrás nuevas materias. La causa, la rectificación positiva de tu estudio; el efecto, seguir avanzando.

¿SABES LO QUE CREES?

Si no entiendes por qué estás en la universidad, tampoco entenderás el objetivo de tu profesión. No en vano más de una persona se ha preguntado en total confusión: "¿Qué estoy haciendo en esta vida? ¿Qué hago en este planeta? No lo entiendo".

El destino no significa que hayas venido a disfrutar del dinero o a carecer de él, sino que esa situación es un medio para que comprendas algo; y no para que vivas resignado. En este caso, el dinero —poco o mucho— no es el fondo de las cosas, sino cómo te comportas respecto a él en cada etapa de lo que experimentas. Tal vez tengas que aprender una nueva forma de pensar y obrar en torno a la carencia o a la abundancia en las diferentes circunstancias (tramos) que estás viviendo.

Muchas religiones y líneas espirituales mencionan que el sufrimiento sirve para sensibilizar a la gente, para que reflexione, para hacerle buscar otros caminos, para rectificarse y tener un cambio de actitud con uno mismo y para con los demás.

El problema no radica en que te hayan decepcionado las personas, o que haya caído la bolsa de valores, o que hayas tenido mala suerte, o que nadie te haya comprendido, sino cuál ha sido tu pensar, tu sentir y tu obrar en todo esto, partiendo del principio de que has sido tú quien ha tomado esas decisiones. Conscientes o no.

Voy a hacerte unas preguntas:

- Hasta este momento de tu vida, ¿cuál fue tu destino, según tu concepto de destino?

- Si hoy fuera el último día de tu vida, ¿cómo resumirías "tu destino"?

- ¿A qué has venido a esta vida; qué fue lo que viniste a aprender?

No se valen respuestas genéricas religiosas como "Vine a la tierra para aprender a amar a Dios", o "vine a cumplir con su voluntad".

La pregunta va dirigida a tu vida "cotidiana"; a tus logros, tus padecimientos, tus talentos, tus deseos, tus convicciones...

Piénsalo un instante. ¿Qué te viene a la mente? Completa esta frase: El destino de mi vida hasta hoy ha sido...

Vamos, completa la frase.

Una vez que hayas terminado de completar la frase, respóndete esta pregunta: ¿Qué de interesante o significativo tuvo tu destino como para que alguien lo ponga en grandes letras como el titular de una noticia en el periódico?

Piénsalo otra vez, cierra este libro por un momento, y seguimos en un instante cuando pases a la próxima página.

Vamos, cierra el libro.

~ ~ ~

¿SABES LO QUE CREES?

Supongamos que a un muchacho de 15 años le dicen que su destino es ser médico. Pasan los años; estudia, se gradúa y dice: "Se cumplió mi destino, ya soy médico, ¿ahora qué?".

Eh... Pues nada, eso era.

¿Seguirá entonces viviendo como médico (exitoso o mediocre) hasta jubilarse? ¿No tendría que tener algo más su destino en términos de aprendizaje? ¿Su destino se limita simplemente a cómo le irá económicamente, o si formará una familia, o si tendrá una delicada salud, o si será "feliz"?

Inclusive si pensamos "en otros planos de existencia", podríamos decir que el destino de un alma era "nacer". Esa alma hizo las rectificaciones necesarias para poder llegar a ese nacimiento en un cuerpo físico y cumplir un destino: "Nacer nuevamente y cumplir con la causa y el efecto de su evolución". Está claro que me refiero a un "destino" que trasciende al cuerpo humano y a este plano físico, a esta "dimensión" y a esta "realidad".

El destino de tu vida es tu vida misma y no lo que esperas que tu vida sea. Se va renovando desde antes de nacer y después de morir a la vida física. Para entender esta "forma de destino" necesitas al menos abrirte a entender la hermenéutica de la reencarnación, que de hecho es muy distinta al concepto de pecado-infierno-paraíso.

También tenemos que tomar en cuenta que muchos hablan de vivir todas nuestras existencias de manera simultánea, es decir, todas nuestras vidas y todas sus posibilidades al mismo tiempo. Esto último es un tema un tanto más complejo, así que seguiremos hablando del destino de la manera en que lo experimentamos en este plano y en esta dimensión.

Posiblemente te preguntes, *¿qué hay con eso de cambiar el destino?*

Si partimos de la creencia reencarnacionista, podemos decir que uno crea su destino desde antes de nacer. Uno mismo elige lo que va a vivir en función de lo que necesita aprender, en función de lo que necesita rectificar. Tienes todo el escenario previsto, y todas las situaciones por las que vas a atravesar para experimentarlo; en este sentido, podrías planificar un destino en el que aprendes a cambiar el destino de tu destino.

¿Y dónde queda el libre albedrío?

En hacer el plan que tú mismo has trazado y cumplirlo.

Es como una dieta. Tu consciencia te dice que tienes muchos kilos de más y que eso no es bueno para tu salud; así que vas a trazar dos objetivos nuevos en tu vida: cuidar de tu alimentación y ejercitar tu cuerpo.

Sabes cuál es la causa de tu sobrepeso; ahora vendrán las rectificaciones a seguir: ir al gimnasio por los próximos tres años y una dieta estricta. A partir de ese momento tienes todo el libre albedrío para cumplir con tus metas diarias, para cumplir con el destino que te trazaste; empezando por las calorías y terminando en las duras y largas horas de entrenamiento. Nadie te obligó. Tú entraste en consciencia de tu salud y tomaste una decisión propia.

A ver, ¿hazlo sin fallar?

¿Te cansaste? ¿Es demasiado? ¿Es muy duro?

Y no es para que digas ¡*el gimnasio es mi karma*! Se trata más bien de ir al gimnasio con la consciencia de decirte a ti mismo: *Ahora entiendo que esto impacta positivamente en mi salud. Rectifico mi alimentación y mi actividad física, que, a su vez, tiene un impacto en mis seres más cercanos que ven un cambio positivo en mí.*

Esta actitud y consciencia es muy distinta a vivir esta experiencia de manera fatalista y resignada ante "este destino":

—¡Otra vez el gimnasio! ¡Me canso mucho! ¡Esta pesa es muy pesada!

—¡Sí! ¡Para eso es! ¡Para que incrementes tu fuerza! Comienza con la más liviana hasta que te fortalezcas.

—Me da pereza.

—Bueno, entonces no vengas. ¿Prefieres dejarlo? Puedes hacerlo. Pero seguirás con sobrepeso; y con el tiempo, te irá peor.

La clave es que, estés donde estés y estés como estés, te des cuenta de que estás viviendo una lección. Una lección en el buen sentido de la palabra; no como un castigo. No es para que digas:

—¡Mi esposa es mi karma! ¡Qué habré hecho en otra vida para merecer esto!

En este caso, aquello que llamas karma es tu lección de aprender a convivir con tu esposa de manera armoniosa quitándote tus egoísmos. De comprender que el alma que habita en esa persona es otro ser aprendiendo a vivir igual que tú. No es tu castigo, aunque lo parezca.

Lo mismo ocurre con el alma, espíritu, energía pensamiento o como quieras llamar a esa esencia divina en crecimiento. Tienes el libre albedrío de no cumplir, pero la consecuencia es la misma: volver a vivirlo hasta que lo logres. No porque no te queda otra, sino por consciencia. El momento en que tu temporal dieta se transforma en un estilo de vida, es cuando has aprendido la lección. Has cambiado una conducta por una creencia.

Observa sin juzgar, deja de vivir en modo reactivo. Si sales a la calle y ves a una persona ebria, posiblemente se te ocurra decir de manera despectiva: "¿Y ese borracho? ¿Su destino? ¡Un vago obviamente, está claro!". Y no has observado que esa alma dentro de ese "borracho" ha escogido una situación muy dura para superarse. Pero estás tan en automático, que solo te nace criticar y refunfuñar *¡en qué mundo vivimos!*, en vez de ver que esa alma va por un particular camino con un determinado fin.

Por eso se repiten circunstancias en tu vida (y en tus vidas):

"Cuando algo te toca en la vida, ¡aunque te quites!
Y si no te toca, ¡aunque te pongas!"

Si no entraste en consciencia de tus errores, vas a seguir topándote con el mismo tipo de situaciones aunque trates de quitarte. Y si desencarnas sin aprenderlo, vas a volver a encarnar, y vas a volver a toparte con la misma insoportable relación; con la misma pareja, solo que con otro nombre y otro peinado; o vas a volver al mismo cargo, con el mismo jefe, solo que en otro trabajo.

No nos damos cuenta de que somos los causantes de nuestro "destino". Somos sus creadores. Constantemente estamos creando con nuestra forma de ser; sea algo bueno o no tan bueno. Si te estresas, te viene el dolor de estómago o las úlceras. Si empiezas a vivir irresponsablemente a nivel alimenticio, te enfermas. Si hay tensión en tu vida, encaneces y envejeces más rápido.

¿Quién ha creado esa realidad en tu vida? Tú. ¿Pero qué es lo que te dices? *Es que es mi destino*.

Louise Hay se hizo famosa por su libro *Usted Puede Sanar Su Vida*, en el cual hace una lista de enfermedades y dolencias somatizadas por los trastornos mentales. Uno suele enfermarse por su carácter y por su mala alimentación, pero cree que su enfermedad va más allá de sí mismo y se resigna a un destino no propicio del cual no se siente responsable.

¿Y que hay con aquellos niños hambrientos y abandonados en lugares hostiles?

Pues ellos son almas que también han venido a continuar o rectificar una causa y un efecto; y que a su vez también trae una enseñanza sobre lo que es el resultado del egoísmo del ser humano para con su prójimo.

El destino es un plan a seguir, no una sentencia, no una condena. No sabemos lo que es gracia o desgracia para los planes del alma. Es tu oportunidad diaria para ser la mejor versión de ti mismo sin importar la circunstancia que te tocó vivir. No importan tu religión o tus creencias; solo importa que seas una persona que ha aprendido a conocerse, a rectificarse de sus errores y a dar lo mejor de sí mismo a su entorno.

¿O crees que simplemente te tocó ser como eres por alguna caprichosa voluntad divina? Y que si tienes más defectos que virtudes, pues, ¿ni modo?, ¿así quiso crearte Dios?

¿De qué se trata el destino más allá de que seas una persona sufrida o feliz? ¿De qué se trata ser carpintero, futbolista, millonario, artista, contador o plomero? ¿Cuál es el objetivo de todo esto?

Todos somos parte de una gran red como si fuéramos células de un mismo organismo. Tanto mi destino como el tuyo, o el de aquel, es el mismo. Nuestro destino es como un viaje de vuelta a casa; como aquella chispa que vuelve convertida en fuego al gran fuego creador. Nuestro destino es volver a Dios o, para ser más exactos, entrar en consciencia que eres parte de esa Fuente Creadora.

Todos queremos un destino de paz, de alegría y bienestar. Nuestro destino es crecer y madurar como seres humanos. No importa qué vida lleves o qué vida escojas, todos los caminos llevan al mismo lugar; a vivir la misma experiencia: crecer, reencontrarse, entender el sentido de las cosas; desprenderse de los apegos y las ambiciones que solo causan separación.

¿SABES LO QUE CREES?

No hay una vida mejor que otra, sea larga o corta, tortuosa o llana, todas las vidas tienen la misma función; todos los destinos tienen el mismo objetivo: aprender en consciencia de la experiencia vivida y crecer.

No te fijes quién camina por delante o por detrás, rápida o lentamente; solo sigue tus propios pasos y comprende tu propio andar antes de fijarte en el de los demás; todos llegaremos al mismo lugar en algún momento.

Puedes limitarte a vivir lo que te toca con incertidumbre o vivir conscientemente tu vida. Entender que es una tarea de crecimiento; entender que no vives sucesos por azar y que tu vida no es una cuestión suerte, sino de consciencia. Como eres, así vives; estás creando tu verdad cada minuto; y tu verdad es la forma en la que ves las cosas y, por ende, en cómo la experimentas.

No pienses que el destino es una condena y que, por ello, has sufrido lo que has sufrido. El destino es un estado de consciencia de lo que se necesita continuar o rectificar.

Esto que escribo tiene como objetivo intentar mostrarte otra perspectiva. Mientras sigas con una actitud victimista, mientras sigas echando la culpa a los demás, mientras sigas viviendo dominado por tus emociones, y mientras tu inconsciente no se haga consciente, el subconsciente seguirá dirigiendo tu vida y tú le llamarás destino.

Esto que te digo es para que ya no pienses con angustia, para que ya no recuerdes con dolor, para que no te recrimines. Es para que te des cuenta de que no eras tú, de que estabas viviendo en un modo 95% automático, inconsciente, "intoxicado"; para que no te culpes por tus errores, y para que corrijas tu concepto de que eres una víctima del destino.

Estés donde estés y estés como estés, estás viviendo una lección que no tiene que ser sufrida, sino comprendida, rectificada o continuada.

No existe la casualidad. No hay razón para que te recrimines a ti mismo o a los demás. Todos estamos aprendiendo a vivir; aprendiendo a darnos cuenta. Todo lo que te sucede y todos los que se cruzan en tu camino son parte de tu aprendizaje. Solamente tienes que dejar ir las viejas creencias que no aportan nada bueno a tu vida.

La gente acude a "adivinos" o a cualquier sortilegio para saber qué es lo que le depara el destino, para saber qué es lo que le va a pasar; si será feliz o no; pero creo que ahora ya no es tiempo para querer saber lo que pasará, sino para preguntarse el porqué.

"Si quieres conocer el pasado, mira el presente, que es su resultado. Si quieres conocer el futuro, fíjate en tu presente, que es su causa".

(Buda)

*Uno comienza a estar en paz,
cuando se da cuenta que recordar con dolor
no tiene sentido.*

DEJAR IR

Para tener una nueva perspectiva de la vida, tenemos que cambiar muchos de nuestros esquemas y despojarnos de nuestra conducta memorizada.

El término "dejar ir" es común relacionarlo con una separación. Terminar con tu pareja y aprender a dejarla ir; aprender a dejar ir a los hijos; una muerte... Dejar ir puede ser un sinónimo de dolor, pero también de liberación.

¿Por qué optas por dejar ir a personas o cosas de tu vida?

Porque ya no quieres dañarte más; porque terminó un ciclo, o porque simplemente hay cosas o personas que no puedes ni debes retener. Sin embargo, dejar que alguien o algo se vaya de tu vida no es suficiente.

"Dejar ir" es la punta del iceberg. Es apenas un reflejo de algo muchísimo más grande. Si bien has dejado ir a esa persona, te has olvidado de algo más importante: de "dejar ir" tus propios conceptos del amor; dejar ir tus miedos, tus inseguridades, tus frustraciones, tus esquemas... Dicho de otro modo, dejar atrás tu memorizada forma de ver la vida.

Hay cosas con las que vivimos y no nos damos cuenta de que hay que dejarlas ir porque pensamos que es algo muy normal en nuestras vidas: tristezas, estrés, dudas, preocupaciones, baja autoestima, victimismo... Sentimientos negativos en todo sentido; sentirse mediocre, frustrado, dolido...

¿Cómo lo dejamos ir?

Cuando cambias tu forma de ver la vida, cuando lo ves todo desde un estado superior de consciencia, cuando dejas de ser reactivo, cuando te liberas de tus esquemas... es en ese momento cuando realmente "dejas ir" a personas o situaciones conscientemente.

Cuando menciono un estado superior de consciencia, no me refiero a que te aferres a una religión o a una línea espiritual, sino a que seas una mejor versión de ti mismo; que veas tus "errores" y que los analices como quien analiza un problema matemático que no logra comprender. Recuerda que gran parte de tu vida has obrado "intoxicado" por los químicos procedentes de tu propia forma de pensar. Esos pensamientos eran el producto de una cultura, de una educación, de un punto de vista, de una programación inconsciente.

Hay culturas que ven a la muerte con temor; hay otras que la ven como una liberación y como un nuevo comienzo. ¿Qué es aquello que las diferencia para tomar esta misma situación con rechazo o con calma? ¿Dónde radica la diferencia entre tomarlo con dolor o con tranquilidad?

Radica en la información que se maneja al respecto; en la forma de ver las cosas. Los unos tratarán de dejar ir el dolor; los otros sencillamente no lo sentirán.

Se dice que estamos directamente conectados al temor solo con dos cosas: a la sensación de caerse y a los ruidos fuertes inesperados. Todo lo demás lo hemos aprendido. No llegamos al mundo teniendo miedo a la oscuridad, a que te toquen la espalda o con ataques de pánico. Todo eso lo aprendemos; todo eso lo hemos dejado entrar en nuestras vidas consciente o inconscientemente, y también podemos dejarlo ir.

Si le das una tarántula a un bebé, este posiblemente jugará con ella. Nadie le ha enseñado a tenerle miedo; no le tiene miedo. No llegamos al mundo teniendo miedo. El miedo es real para ti porque lo sientes, pero justamente lo sientes porque detrás de este hay una serie de pensamientos que lo respaldan. A ti, una tarántula puede darte pánico; a otro, puede parecerle una maravillosa creación. ¿Dónde está la diferencia? En la forma de ver las cosas. Son nuestros pensamientos sobre las cosas, y no las cosas en sí.

¿SABES LO QUE CREES?

Un miedo, una inseguridad, un problema que ha tomado años en formarse, puede desaparecer rápidamente con solo darse cuenta al ver las cosas desde otra perspectiva.

Piensa por un momento en algún temor o en algo que te molesta. Ahora piensa en esto: hubo un momento en tu vida en el que no tenías ese problema. Estabas tranquilo hasta que se metió un determinado pensamiento en la cabeza; le diste toda tu atención, lo reafirmaste, y lo volviste parte de ti.

Es común que te digas: "Realmente no sé por qué reacciono así ante ciertas cosas; sencillamente me molestan, no puedo evitarlo. Soy así".

Pues no eres así, sino que "así" aprendiste a reaccionar.

Si no sabes por qué reaccionas de esa forma, es la mejor muestra de que tienes una reacción subconsciente tan albergada en ti, que piensas que esa es tu naturaleza, que es tu carácter, que no hay nada que analizar y que solo toca aceptarse como uno es, tratando de "controlarse", de "tener paciencia", de "ser educado". Total, "cada quien tiene su carácter".

Sufrir es un punto de vista y, mientras no cambies de perspectiva, vas a seguir viviendo lo mismo. De igual manera, no "dejar ir" es quedarte estancado en un pensamiento; es quedarte apegado a una creencia.

Puede dolerte dejar ir a una persona; puedes pensar que tomaste una decisión correcta, y que lo mejor era separarse. Pero no has dejado ir tus propios esquemas que siguen intactos esperando a la próxima pareja, esperando a que sea "más compatible" con tus programaciones.

Lo más probable es que repitas las mismas situaciones y que derivarán en un nuevo "era lo mejor separarse". Volverás entonces a preguntarte ingenuamente: "¿Por qué me pasa siempre lo mismo? ¿Por qué siempre me topo con el mismo tipo de personas?".

¿Te lo recuerdo?

Simplemente experimentas lo que eres en ese momento de tu vida. Re-experimentas paradigmas de los que no te has liberado, que no has dejado ir.

Recuerdo a una amiga que estaba triste porque su pareja no era detallista con ella. Le dije, *¿por qué esperas que sea detallista contigo si esa no es su forma de ser? Es como quejarse todos los días de tu coche porque no es descapotable.*

Es común echar la culpa del rompimiento de una relación a la otra persona; pero si no eres tú quien cambie algunas cosas en ti, vas a atraer siempre el mismo tipo de relación. De igual manera atraerás siempre lo mismo en cualquier situación de tu vida si no sales de tus esquemas. Vuelves a caer en problemas laborales; vuelves a tener conflictos familiares; vuelves a los apuros económicos; recaes en problemas de salud, etc.

Vivimos aferrados a nuestras ideas; nos hemos vuelto consumidores para cubrir nuestras carencias y esto incluye a las personas. Cargamos mucho peso en la vida, y estamos tan acostumbrados a ello, que pensamos que es lo normal. Suele también haber gente a la que le gusta estar triste; en desgracia, melancólica, enferma. Le gusta ser mártir; le gusta contar lo mal que le va esperando a que los demás se preocupen por ella. En el fondo no le interesa tu opinión, solamente quiere protagonizar ese momento. Interpreta papeles que la estancan; la incomprendida, la sufrida, la abandonada, la engañada, la enferma... Está absolutamente en modo automático, programado e inconsciente.

Nos enseñaron a ser emocionalmente dependientes, a que alguien cubra el vacío que sentimos; a que dependamos de alguien para sentirnos completos o que simplemente le importemos a alguien.

Nada de eso se deja ir.

No se trata de dejar ir el recuerdo de aquella persona o de esa situación dolorosa, sino de dejar ir tus propios esquemas que hacen que cometas el mismo error una y otra vez. El problema no está en las personas que te rodean ni en la situación; sino en lo que tú piensas al respecto. Tu perspectiva es la que crea tu realidad.

Tengo un interesante ejercicio de reflexión para ti: cuando te enojas con alguien, es porque esa persona hace (o tiene) cosas que no te gustan.

Este ejercicio consiste en que recuerdes todo lo que te molesta de alguna persona en especial. Toma un lápiz y haz una lista de todo lo que no te gusta de esa persona. No repares en escribir todo lo que se te ocurra, todo lo que te molesta; desde su forma de vestir, pasando por sus hábitos, y terminando en su familia o en sus amistades. Escribe también qué te gustaría que cambie para tener una relación más armoniosa.

Deja esta lectura por un momento y dedícate a escribir tu lista. Puedes hacerla pensando en una o más personas. Saca todo lo que tienes dentro; de veras hazlo.

Cuando acabes, te invito a continuar con la lectura en la próxima página.

~ ~ ~

Bien. Asumiendo que ya te desahogaste por escrito con esa persona y escribiste todo lo que no te gusta de ella, imagina que la persona sobre la que escribiste decide cambiar en todo lo que quieres. ¿Ya no habría más razón para disgustarse verdad? ¿Hasta ahí vamos bien?

Ahora imagina esto: tres exparejas tuyas (o tres personas, cercanas o lejanas) escriben una lista de las cosas que quisieran que tú cambies. No les gusta muchas cosas de ti; empezando por tus kilos de más o de menos, pasando por tus gustos musicales y terminando en tu forma de ser. Puras quejas.

Pues bien. ¿Cómo te sentirías? ¿Qué harías al leer esas desagradables listas sobre ti?

Más allá de cómo reacciones, entras en conciencia de cómo te ven tus exparejas, y por qué ya no están contigo. Tus exparejas te desecharon, al igual que tú lo hiciste con esa persona sobre la que escribiste en tu lista.

¿Cómo te sientes cuando todas estas personas desean cambiar algo de ti? Tal vez digas *bueno, si no les gusto como soy, que se busquen otra persona y listo.*

Pues lo mismo podrías hacer tú. Dejar de querer imponer tus gustos a la otra persona. ¿Por qué esperar a que el otro cambie y deje de ser como es, y no tú?

Ves a la personas con tus filtros; con el concepto programado que tienes de la pareja perfecta. Sufres porque aprendiste una determinada forma de pensar. Si te pones triste, no es por lo que ha pasado, sino por la manera en la que ves las cosas. No dejas ir esas ideas porque crees que son parte de tu personalidad y no de una programación subconsciente.

Cuando ves una película o una telenovela y ves los conflictos antagónicos de los dos protagonistas, comprendes las razones de ambos. No significa que las apruebes, solamente lo entiendes. Sea cual fuere la razón de los actos de los protagonistas, entiendes que lo valioso es el mensaje de la película y que los protagonistas fueron el conducto para plasmarlo. Más allá que hayan obrado por miedo, por ingenuidad o por lo que fuere, entiendes que el trasfondo es lo más importante.

Lo mismo ocurre en tu vida. Tuviste razones para obrar como obraste; las demás personas también. Obsérvate y observa a la gente como si se tratara de los personajes de una película basada en hechos reales; solo prestas atención a lo que sucede; eres un espectador, no un juez. La historia es como es; tiene una razón de ser, y no vas a cambiarla con tu opinión.

Una película basada en hechos reales por lo general tiene algo que enseñarte; tiene algo en qué hacerte reflexionar. Todos sus personajes con sus virtudes y defectos, con sus aciertos y sus yerros, o con sus alegrías y sus penas, te llevan a compenetrarte con algo más profundo; te sensibilizan, te hacen entender el fondo más allá de la forma. No te quedas resentido de por vida con el "malo" de la película; has entendido que él también tenía una razón de ser en esta historia; has podido, inclusive, comprenderlo sin juzgarlo y sin despertar emociones negativas en ti.

Cada persona obró de acuerdo con el nivel de consciencia en el que se encontraba en ese momento.

¿Alguna vez te resentiste con un ser querido porque hizo algo que te dolió aunque no haya sido de manera intencional? Si te ocurrió, posiblemente te afectó mucho y es probable que no hayas dejado ir ese mal recuerdo; sin embargo te pregunto: ¿alguna vez hiciste daño a alguien sin quererlo o sin saberlo? ¿Se resintió contigo?

No me extrañaría que no te agradara la reacción de esa persona, porque tu intención no era dañarla. Incluso tal vez te entristezca que esa persona no te comprenda y no deje ir ese rencor.

Si piensas que no vale la pena que esa persona no deje ir su rencor, ¿podrías hacer lo mismo con ese ser querido que te hizo daño involuntariamente y dejar que tu dolor se vaya?

Y, por más que te haya causado daño intencionalmente, podrás dejar ir ese dolor al darte cuenta de que esa persona era una víctima de sus pensamientos tóxicos; no sabía que estaba actuando en modo automático y no sabía lo que hacía.

Uno se comporta a veces de una manera no adecuada porque no supo cómo hacerlo de otra forma o porque perdió los estribos o simplemente no sabe por qué lo hizo. Tal vez no sea justificación del hecho, ¿pero quién es uno para tirar la primera piedra? ¿Nunca rechazaste a una persona? ¿En el trabajo? ¿En el colegio?

¿No has juzgado a nadie por su apariencia? ¿Por cómo habla, cómo viste o cómo huele?

Todos esos juicios son la falta de una comprensión superior; son producto de un condicionamiento que "te intoxica", que te pone en automático, que no te deja soltar y que no dejas ir.

Dejar ir significa perdonar para algunas personas, aunque perdonar no sea sinónimo de condonar. Incluso el perdón pierde el sentido cuando lo ves desde un estado de consciencia más elevado. La gente hace daño, porque aún no ha crecido como alma; realmente no sabe lo que hace. Esa gente se mueve impulsada por el dolor, por el rencor, la envidia o la frustración, porque está "intoxicada" y porque no es consciente de sí misma a un nivel más profundo.

No tienes por qué ser un juez de nadie; no vives la vida del otro. Si se trata de una persona cruel, solo reflexiona sobre cuánto amor y consciencia le falta. No sabe lo que está haciendo; no puedes juzgarla. Tu Ser está por encima de tus pensamientos y de tus juicios.

En una de las películas de Harry Potter, Albus Dumbledore le decía a su pupilo: "No tengas compasión de los muertos Harry, sino de los vivos; especialmente de aquellos que viven sin amor".

La calidad de tus pensamientos es la calidad de tu vida. No te percatas de ello. No eres consciente de lo que estás pensando, pero sí de lo que estás sintiendo. Utiliza tus emociones y sensaciones como un termómetro de la calidad de tus pensamientos. Recuerda: sufrir es un punto de vista; sufrir es no entender; y no me refiero a entender el problema en sí, sino a no entender el trasfondo de nuestra razón de Ser en este aprendizaje.

Dejar ir es entender; es ponerse en los zapatos del otro; es recordar sin dolor; es darse cuenta de que recordar con dolor no tiene sentido, porque todos fuimos víctimas subconscientes.

La Dra. Elisabeth Kübler-Ross mencionaba que los moribundos a los que ella trataba necesitaban liberarse de todo para poder irse en paz. Necesitaban dejar ir, porque ya en el final de sus vidas entendían que de nada servía los resentimientos, los apegos, los enojos, o las frustraciones. Veían que todo ello era inútil en un momento tan trascendente como ese. Tanto "tiempo perdido" en caprichos del ego que ningún regocijo les brindaba a la hora de su partida.

Para dejar ir aquello que no te hace bien y que en el fondo sale de ti mismo, cambia tu perspectiva de las cosas; y para cambiarlas abre tu mente, lee, medita, conversa contigo mismo, habla con gente que opina diferente, obsérvate en los demás, aprende a ver las cosas desde otra perspectiva y agradece.

Agradece.

Voy a decirte por qué.

*Encuéntrate a ti mismo...
y el resto vendrá por añadidura.*

GRACIAS

Se dice que la gratitud es un reconocimiento por un bien recibido y normalmente involucra una emoción, un sentimiento. Cuando agradeces, estás aceptando un bien recibido; algo beneficioso para tu ser, algo que te trae alegría. Sentir gratitud es vivir absolutamente en el ahora; te viene la sonrisa; se expande tu corazón; se abre tu mente y sientes plenamente este hermoso atributo del amor.

La palabra *gracias* es comúnmente utilizada como un no menos importante acto de gentileza; como un sinónimo de buenos modales, aunque reine un ambiente de hipocresía. Incluso se la utiliza como un sarcasmo.

También alguna vez escuché que "no hay por qué agradecer cuando la pasas mal"; cuando todo te va mal en la vida, cuando te han separado de tus seres queridos, cuando hay tanta injusticia o cuando estás enfermo.

Es muy distinto cuando mencionas esta palabra como si estuvieras devolviendo un saludo, a cuando experimentas el agradecimiento mismo. Te sientes "bendecido".

Inclusive sientes fuertemente esta palabra por interés: cuando te avisaron que aprobaste el semestre; cuando te devuelven dinero de los impuestos; cuando te liberas de una tediosa responsabilidad; o cuando la prueba de embarazo sale negativa (en algunos casos).

Agradeces cuando sientes alivio, cuando te quitan un peso de encima.

¿Cuándo pasas de decir la palabra gracias a *sentir* la vibración gracias? Cuando tu consciencia entra en consciencia; cuando ingresas en lo profundo de tu ser.

Es común que el sufrimiento, el dolor, la angustia y ese tipo de emociones sean el fuego que disuelve nuestros egoísmos y nos abra el corazón al agradecimiento. Gente que ha vivido el holocausto de una guerra tenía la más grande gratitud por un trozo de pan o por un trapo sucio y viejo que le sirviera de abrigo.

Así como vives amargado también puedes vivir agradecido. Si eres una persona resentida con la vida es porque "has tenido razones" y has aprendido a serlo. Ser una persona resentida es un estado de ser. Lo eres todo el tiempo; es tu forma de ver el mundo, tu forma de pensar y sentir. Bastará el más mínimo estímulo externo para que sientas el resentimiento y el rencor corriendo por tus venas. Sentir resentimiento todo el día y hacer que forme parte de tu vida se aprende, se lo experimenta y se lo refuerza.

Vivir agradecido también se aprende.

Sentir un dolor en el cuerpo es a veces un presagio de enfermedad; uno suele lamentarse y hasta enfadarse; pero cuando llega la cura, el agradecimiento es proporcional al sufrimiento.

El dolor no es otra cosa que el sistema de alarma del cuerpo que te dice que tomes los recaudos necesarios; es una señal de que hay algo que no estás haciendo bien, desde cómo piensas, hasta cómo te alimentas.

Pero en vez de agradecer la señal, te quejas. Si un ingeniero te advirtiera sobre el peligro de no reforzar los pilares de tu casa, se lo agradecerías infinitamente porque está evitándote una tragedia. De la misma manera podríamos aceptar con agradecimiento "las advertencias de la vida" a través del dolor, de las injusticias, de las desgracias o de la "mala suerte".

Si tienes un desequilibrio físico, una enfermedad, una dolencia, haces todo lo que está en tus manos para curarte, para volver a sentirte bien; es un instinto de supervivencia y de sentido común. Si vives en depresión, ansioso, preocupado, estresado o con "dolores del alma", tampoco estás en equilibrio, tampoco estás sano. Hacer algo para curar el alma también es de sentido común.

¿SABES LO QUE CREES?

¿Qué hay de los síntomas de nuestra vida? ¿Hay molestia? ¿Dolor? ¿Alguna elevación en la temperatura de nuestra frustración? ¿Chismositis aguda? ¿Hiperenvidia? ¿Culpa crónica? Darse cuenta a tiempo de estos "síntomas" puede también salvarte la vida. Son advertencias de algo que tenemos que corregir, y no las agradecemos.

Al momento de dar las gracias sinceramente, es porque algo bueno está ocurriendo en tu vida. Ese algo hace que estés en un estado de ánimo jubiloso y además por un buen tiempo. Durante ese lapso no te cambias por nadie; hay algo distinto en ti. La vida afuera "sigue siendo la misma"; sigues teniendo el amigo chismoso; la abuela Carmelita sigue haciendo sus galletas; la cuñada se sigue quejando de la vida, pero tú eres otra persona. Sientes algo especial; eres más amable, más bondadoso, más abierto...

La gratitud es un estado de consciencia que te brinda paz y alegría. La alegría hace que tus miedos se disuelvan y hace que veas las cosas con una serena actitud. Neutralizar el miedo a través de la alegría por medio del agradecimiento es una gran clave para cambiar nuestras vidas. El agradecimiento es un portal abierto a todo lo bueno; cuanto más agradecido estés con la vida, más motivos te da la vida para agradecer.

Cuando le has hecho un favor a alguien y esta persona te mira a los ojos profundamente diciéndote gracias, no vas a quedarte indiferente; sonríes inmediatamente porque esa persona está hablándote con el alma a través del corazón dándote las gracias. Un gracias profundo te cambia la vida. Dar las gracias es poner en movimiento esa fuerza; es hacer que solo sucedan cosas buenas en tu vida.

¿Pero qué sucede cuando tienes el "peor" día de tu vida; de esos días que solo deseas que se acabe y te acuestas esperando que mañana sea mejor?

Voy a darte un par de ejemplos de uno de esos días:

> Te despiertan a las siete de la mañana porque tu tía, que estaba tan enferma, acaba de fallecer.

> Después llamas a la empresa a la que te postulaste para ver si te dieron el trabajo y resulta que el puesto se lo dieron a tu amigo, que además utilizó tus ideas.

Miras tu billetera y tienes apenas treinta pesos.

Encima tienes un tremendo dolor de estómago.

Tienes que ir al doctor. Tomas un bus para ir donde tu tío que es médico.

Después del control, en el que te diagnosticaron gastritis, vuelves a casa.

Suena el teléfono. Es tu papá que te pregunta si encontraste trabajo. Como no lo hiciste, te sermonea como tan solo él sabe hacerlo; y te enojas.

Para el colmo, se aparece tu amigo en tu casa totalmente ebrio pidiéndote dinero prestado para pagar su taxi. Le das tus últimos diez pesos para que vaya a casa.

¡Qué día por Dios!

¿Hasta aquí bien con el ejemplo? Bueno. Tengo un ejercicio para que ese peor día de tu vida se convierta en el mejor día de tu vida.

Para hacer este ejercicio es necesario que prestes mucha atención a lo que voy a explicarte: hay veces en que, antes dormir, te pones a pensar en algo importante que tienes que planificar para el día siguiente. Imagina que estás organizando la fiesta de cumpleaños de tu hijo; estás revisando mentalmente si tienes todo lo que necesitas. Estás profundamente concentrado en los detalles: invitados, comida, música, decoración, etc. Las ideas van y vienen y solamente piensas en eso; hasta sientes dolor de cabeza de tanto maquinar; tu mente está realmente encendida por pensar tanto e intensamente, y por estar concentrada además en algo muy concreto. ¿Se entiende?

Es ese el nivel de concentración al que quiero que llegues cuando hagas este ejercicio.

Para llegar a este nivel de concentración, sugiero que antes de dormir, pero sin estar cansado, te recuestes sobre tu cama (yo a veces me pongo tapones en los oídos). Respira suave y profundamente unas cuantas veces para tranquilizar un poco la cabeza; luego, comienza una retrospección. Recuerda en detalle lo que te ha pasado en el día. Empieza por recordar lo que estabas haciendo una hora antes; luego retrocede unas tres horas; luego ve a algún momento durante la tarde; al almuerzo; a media mañana; hasta que llegues al momento cuando te despertaste.

Es así que cuando empiezas a recordar con atención, entras fácilmente en un estado meditativo porque la cabeza trabaja intensamente focalizada en los recuerdos del día.

¿En qué consiste el ejercicio al hacer esta retrospección en detalle?

En agradecer.

Al ir agradeciendo por las cosas que viviste durante el día, irás aumentando la vibración positiva e irás acrecentando la confianza en ti mismo. Trasmutas el pensamiento negativo en aprendizaje y, sobre todo, empiezas a sentir la vibración del agradecimiento. Creces como persona de manera inmediata, la energía de la gratitud es tan grande que al final del ejercicio querrás seguir agradeciendo y sentirás que tu consciencia se expande.

Veamos el supuesto mal día que dimos como ejemplo:

¿Recuerdas la llamada cuando te dijeron que tu tía que estaba tan enferma, acababa de fallecer? ¿Qué puedes agradecer en este caso?

Posiblemente puedas decir:

> *Gracias Padre* (Dios, Universo, Creador) *por permitir liberar a esa alma que ya cumplió su rol en este mundo... Gracias por liberarla del dolor de la enfermedad... Gracias por reunirla nuevamente con sus seres amados que partieron antes... Gracias por haberla conocido... por su sonrisa... por su amor... Bendice su alma. Y dales, por favor, el consuelo necesario a sus familiares y amigos que hoy la despidieron.*

Lo del trabajo que se lo dieron a tu amigo, que además usó tus ideas:

> *¡Gracias! Por haberle dado la oportunidad a una persona que necesitaba ese trabajo más que yo... Te agradezco por que mi amigo haya usado mis ideas; significa que estoy pensando bien; que mis ideas son buenas... que puedo generar ideas que funcionan maravillosamente. Te agradezco por la lucidez que me das, por la inspiración que me das para generar más ideas... Y sobre todo, te agradezco porque esa idea ayudó en la vida de alguien.*

Lo de tu billetera con apenas treinta pesos:

Gracias por los treinta pesos de hoy... Gracias porque tuve el dinero suficiente para lo que necesité... Gracias porque tuve dinero.

Lo del dolor de estómago:

Gracias por advertirme a través de mi cuerpo que estoy pasando por algo que tengo que sanar... Gracias por avisarme que mi cuerpo necesita atención... que gracias a este dolor puedo tomar las medidas del caso y evitar algo grave... Gracias porque mi cuerpo me alerta para cuidarme... Gracias por entrar en la consciencia de una vida sana; y te ruego me acompañes en esta curación.

Lo de ir en el bus al doctor:

Gracias por tener el dinero para transportarme donde requiero... Gracias porque con ese dinero el conductor lleva el pan a su familia... Gracias a ese conductor, por haberme llevado a mi destino... Bendice a ese conductor y a sus seres queridos.

El doctor que te revisó:

Gracias por ese médico que estuvo cuando lo necesité... Gracias a su conocimiento es que sé cómo curarme... Bríndale en tu bondad todo lo que él necesita.

Lo de tu papá que te sermonea por el trabajo:

Gracias por tener un padre que se preocupa por mí... Gracias porque él quiere lo mejor para mí y manifiesta su amor de esa forma... Tal vez no he tomado sus palabras de la mejor manera, pero él lo hace porque se preocupa por mí, porque quiere que salga adelante... y ese amor se lo agradezco... Gracias por darme un padre que me ama tanto.

Lo de tu amigo ebrio que te pidió dinero prestado para su taxi:

Gracias por permitirme hacer posible que mi amigo llegue sano y salvo a su casa... Gracias por tener el dinero para haberlo logrado... Gracias por elegirme para poder proteger a este amigo que necesitaba una fuente de auxilio... Gracias por permitirme ser su ángel de la guarda... Por favor, bendícelo, y que sea tu luz la que ilumine su camino.

Finalmente, agradece por ese día; por sus tantas enseñanzas, por toda la gente que te ayudó a comprender la vida, y que te ayudó a crecer.

Te darás cuenta de que el agradecimiento por cada recuerdo del día se ha convertido en una profunda oración. Ha limpiado tu mente, ha emanado amor sincero y ha elevado tu Ser. En ese momento vibras muy alto; emanas al medioambiente lo más puro de ti.

Querrás seguir agradeciendo más allá de lo sucedido en ese día. Agradeces a Dios, a la Fuerza Creadora, al Espíritu Santo, al Universo (o como quieras llamarlo) por las oportunidades maravillosas que te da todos los días para crecer. "Cuanto más crezco en todo sentido, más puedo ayudar a las personas".

Agradece por todo. Por aquella persona que te mandó un mensaje de texto para saludarte; agradece por el tiempo que te dedicó en hacerlo; por su amistad, por pensar en ti, por su cariño; y pide para esa persona una bendición.

Si alguno de tus amigos tuvo un éxito, agradece por cómo Dios tuvo la bondad de mostrarte su obra al brindarle éxito; y agradece por ser uno de los amigos de esa persona exitosa. Pide una bendición y luz en su camino.

Si tuviste una mala e inesperada reacción con alguien en el día, agradece porque esa persona está mostrándote en qué seguir mejorando; y agradece también por haber sido consciente de esa situación que te ayuda a crecer. Que esa persona sea bendecida.

Te darás cuenta de que a lo largo del día reaccionaste varias veces de manera automática porque estabas "intoxicado", porque no eras tú. También te darás cuenta de que cuando empiezas a agradecer, dejas de sentir miedo; dejas de sentir carencia, dejas de sentir pobreza. Te das cuenta de que incluso la "pobreza" puede ser "relativa". Si pensamos que de los más de 7000 millones de habitantes de este planeta, 800 millones no tienen agua potable. Que existen más 800 millones de personas que no saben leer. Que más de 1000 millones pasan hambre todos los días.

Si te comparas con ellos, puedes sentirte tremendamente afortunado por haber desayunado.

Esas personas te dirían: "Eres rico, tienes treinta pesos en tu billetera".

Cuando te das cuenta de ello y agradeces por ese día, verás que no te faltó nada. Tuviste lo que necesitaste. Agradece por haber dormido bajo un techo abrigado entre las cobijas; por tener el dinero para comprarte el alimento.

Agradece a todas las personas con las que tuviste contacto durante el día, ya que con la forma de ser de cada uno te están mostrando las diversas facetas de la vida. Deséales lo mejor para que cada día sean mejores personas, puesto que si ellos hicieran lo mismo por ti, también les darías las gracias.

Agradece por tener ropa; por saber leer y poder seguir aprendiendo. Por esas almas que se ofrecieron a venir a vivir contigo en esta vida como tu familia. Por la lluvia que alimenta a la tierra, que además es tu hogar.

Tu agradecimiento va a ser cada vez más grande y tu consciencia y amor por la vida, también. Este hábito de agradecer conscientemente sube tu vibración, te limpia, te armoniza, te sana, te fortalece; te hace entrar en la consciencia de la consciencia.

La ley de la atracción nos da lo correspondiente a la vibración en la que estamos. No se trata de pensar en algo bueno o de repetir una afirmación "positiva"; tienes que Ser esa vibración. Cuando "pedimos" algo, nos enfocamos en lo que no tenemos; es decir, en el problema. Pero cuando estás agradecido, no necesitas pedir nada porque ya no existe el "problema"; y cuando ves la vida desde esta perspectiva, te das cuenta de que no hay "días malos".

Si tuviste una discusión con una persona, no es para que la juzgues. Esta persona con su forma de ser ha sido tan solo un móvil para hacerte ver tu descontrol, tu manía de querer tener la razón o tu falta de tolerancia ante opiniones ajenas. Si te enojaste con alguien, pregúntate por qué reaccionaste así, pregúntate qué creencia, qué paradigma, qué pensamiento subconsciente se ha activado a través de quien te hizo enojar. ¡Esa persona te hizo un gran favor!

Probablemente digas: "Realmente no encuentro qué agradecer a una situación que me ha traído malos momentos, tristezas, enojos"; o "Esa persona solo me ha hecho sufrir". Piensa en esto: Nada ni nadie se va de nuestras vidas hasta que nos haya enseñado lo que necesitamos aprender. Esto no significa que digas "¡ya aprendí a sufrir bastante!".

Si estás sufriendo por una persona en especial, podrías en realidad sufrir por cualquiera otra. Esa persona no es el problema; solo está sacando a flote tus debilidades. Cuando te das cuenta de que el problema está en ti, y que por eso atraes ese tipo de personas o situaciones, es un gran motivo para agradecérselo.

Cuanto más fuera de quicio te saca una persona, es porque más tienes que trabajar en ti; en tu ego, en tus esquemas. Si no fuera por esa persona, ¿cómo sabrías lo que es vivir realmente en armonía? Esa situación es tu examen diario.

Es común escuchar *¿por qué agradecer si no tengo trabajo?* Si te centras en que no tienes trabajo, pues eso es lo que vas a experimentar; eso hace que no te fijes en las situaciones que son motivo de profundo agradecimiento. Existe mucha gente que está tan malhumorada con la vida, tan peleada y aburrida con la vida, que dice: "Yo no tengo que agradecer por nada. He sufrido mucho y tengo motivos suficientes para sentirme muy mal".

A esa gente le contestaría: Tienes toda la razón por sentirte mal; pero ya tuviste suficientes días, meses y hasta años para quejarte. Ya sabes lo que es sentirse mal; lo sabes de memoria. Todos los días pensaste de la misma forma y nada de eso te hizo sentir bien. ¿Por qué no probar algo diferente? Por lo menos intenta agradecer por aquella persona o situación por la que sí te nacería sinceramente agradecer.

Si bien puede ser que tengas problemas financieros, grandes frustraciones o grandes enojos, estoy convencido de que sí existe alguien por quién agradecer.

Empieza por agradecer por aquellos momentos o personas que consideras una bendición en tu vida y que te han brindado grandes alegrías. Un amigo de la infancia, una hermana, un primo o la abuela Carmelita. Cuando empieces a agradecer por esa persona, rememora al detalle los momentos más hermosos que compartiste; tus travesuras en colegio, tus momentos secretos; los momentos especiales, las risas, los cumpleaños o las navidades. Esas alegrías son un gran motivo de agradecimiento.

Al entrar en este hábito de concentrarte profundamente en el agradecimiento de ese momento o de esa persona especial, disipas toda esa penumbra que te tenía tan mal y liberas tu cabeza de la frustración o el enojo. Te das cuenta de que, pese a "tus problemas", puedes sentirte bien y percibir la vida de manera distinta, hermosa y agradecida. Tu cuerpo también te lo agradecerá, porque le quitaste el estrés y le diste bienestar. La serotonina invadirá todo tu cuerpo.

Tu forma de ver la vida empieza a cambiar profundamente. Ves que las cosas más bellas de tu existencia no son precisamente cosas. Céntrate en tus bendiciones y no en tus desgracias; date un respiro, date la oportunidad de poner otra cosa en tu cabeza que no sea frustración, tristeza o dolor.

Mientras no entres en una vibración más alta como la de la gratitud, mientras no entres en un estado de consciencia más elevado, vas a seguir teniendo "un mal día". Vas a seguir viviendo en modo automático, en modo subconsciente, programado, reactivo; en modo enojo, modo miedo, modo inseguridad.

En el momento que entras en la vibración de la gratitud, en ese estado de consciencia de gratitud, te sientes tan bien, que todo lo perdonas; y que en realidad, más que perdonar, todo lo comprendes; dejas que la vida fluya. Posiblemente algunos sucesos del día "te hayan dolido", pero en este estado superior de consciencia, el dolor se disuelve con mayor facilidad por causa del entendimiento.

Obviamente ya no querrás ir a un bar para ahogar las penas; ya no querrás "cortarte las venas"; ya no sentirás frustración; ya no serás víctima de tus antiguos esquemas. En el momento que sientes gratitud y comprendes las cosas sin necesidad de reflexionarlas, entras en una profunda conexión con esa superior y benévola "Inteligencia" que es la que le da a tu vida las causas de tu gratitud. Esta Inteligencia es la misma que hace posible que tu corazón palpite y que la sangre corra por tus venas.

Recuerdo que una vez, al salir de mi oficina, vi sentada en la calle a una ancianita que vendía manzanilla, ruda, retama y romero. Cuando fui a comprarle manzanilla, noté que la señora estaba muy adolorida del hombro. Pese a que ella hablaba muy poco español y a que yo desconocía su idioma, le hice entender que quería ayudarla. Ella solo me decía: "Duele, duele". Yo no sabía qué hacer, pero ella sacó una factura de la farmacia y me la dio. La factura era por un analgésico de veinte centavos. Un solo analgésico, veinte centavos de boliviano; es decir, tres a cuatro centavos de dólar. La ancianita solo se había comprado una pastilla.

Al ver estas situaciones, lo menos que puedes decirte es *¿en qué estoy?* Uno enojándose porque no tiene esto o el otro, mientras que otra persona está en la calle enferma, abandonada, ganándose la vida a esa edad, y necesitando veinte centavos para un calmante.

Así como aprendes a vivir amargado, resentido o deprimido, también puedes aprender a vivir conscientemente agradecido. Agradeciendo de manera consciente trasmutas el pensamiento negativo, y empiezas a cambiar tu forma de ser y tu forma de percibir la vida. Te equilibras, te fortaleces, y te sanas.

> *"Tu vida y todo lo que en ella ocurre,*
> *no es una coincidencia; es un reflejo de ti".*

Quiero contarte algo. Después de escribir estas páginas apagué mi computadora y me dispuse a descansar. Apagué la luz, apoyé la cabeza en la almohada, cerré los ojos y tras el suspiro previo a la relajación, se me vino a la mente mi mamá. Tanto que había escrito sobre el agradecimiento, que me puse a pensar en ella y en agradecerle.

Comparto contigo lo que me salió del corazón:

Mami,

hoy estuve pensando en ti.
No es tu cumpleaños, no es ese tu día tan especial.
Lo que es especial en este día eres tú.

Y voy a decirte por qué:

Vine al mundo a través de ti,
fui creado por tu amor.
Me formé en ti,
y me alimenté de ti.

Crecí dentro tuyo, nací de ti;
y por ello soy parte de ti.
Tengo tus células,
y es tu sangre la que corre por mis venas.

*Fuiste también quien me cuidó
cuando aún no abría los ojos,
e incluso aún sin conocer tu rostro.
Tantas veces estuve en tus brazos,
tantas veces secaste mis lágrimas,
y tantas veces que calmaste mi sed.*

*Me sostuviste cuando aún no sabía caminar,
y me soltaste para que aprendiera a correr.*

*Me enseñaste a jugar;
me hiciste reír;
y me enseñaste a cantar.*

*Me enseñaste la dulzura del beso maternal,
y lo que es la paz de tu regazo.*

*Tanta dedicación,
tanta abnegación,
y tanto esmero,
solo por mí.*

*Tantas noches en vela
pensando en mí;
preocupándote por mí,
orando por mí,
o alegrándote por mí.*

*Cuántas veces abrigándome
con el tejido hecho por tus propias manos.
Cuántas veces contando los pesos
para conseguirme el alimento.
Cuántas veces inventándote
qué cocinar para mí.
Cuántas veces absteniéndote del pan,
solo para dármelo y calmar mi hambre.
Cuántas veces sacando los ahorros
y buscando el regalo,
solo para alegrarme.*

*Siempre deseando mi bienestar.
Siempre con el rezo
para yo estar en el camino correcto.*

*Mi alegría es tu júbilo,
y mi desazón, tu dolor.*

¿SABES LO QUE CREES?

No hay momento en el que no dejes de pensar en mí.
No hay momento en el que no quieras saber cómo estoy.
No hay instante en el que no me ames.

Cuántas veces lloraste
porque me faltaba la salud;
y cuántas veces lloraste
porque me colmaba la sonrisa.

Qué clase de Divino Ser eres,
que todo lo das por este tu semejante;
que todo lo das, por el gusto de dar;
que todo lo das, sin esperar si quiera
el agradecimiento mismo.
Que todo lo das; sacrificando tu tiempo,
tu descanso y tu vida toda,
simplemente porque me amas.

No te bastaba con darme la vida,
tenías también que ser mi Ángel Guardián.

Eres mi madre,
mi amiga,
mi compañera,
mi primer,
verdadero,
y único gran amor.
Eres la mujer de mi vida,
y la de mis sueños.
Soy parte de ti,
y por eso vives en mí.

Eres una bendición de Dios,
y la más maravillosa de sus bendiciones.

Gracias por tenerme,
gracias por traerme,
por cuidarme,
por dedicarme tu vida toda.
Por amarme así.
Y sobre todo, gracias Madre mía,
por existir.

Te amo desde antes de nacer.

Tu hijito,

Wolfgang

Volví prender la computadora... Tenía que escribirlo.

~ ~ ~

Volvamos al tema.

Suponiendo que has realizado exitosamente el ejercicio de la retrospección del "peor día de tu vida", aquí te va la segunda parte de la *Consciencia de Agradecer*. Esta vez se trata de:

Agradecer y experimentar conscientemente el momento que estás viviendo.

Para esta segunda parte del ejercicio tengo una explicación previa, así que nuevamente presta mucha atención: cuando salimos a la calle y hacemos nuestras diligencias de manera automática porque hemos caído en ese 95% de modo subconsciente, no vemos a las personas; solo caminamos sumidos en nuestros pensamientos recurrentes. Hacemos nuestro recorrido de memoria. Nos cruzamos con gente conocida y ni nos damos cuenta; no nos fijamos en nada, hacemos las cosas de manera mecánica.

Pero ¿qué pasa cuando vas a un país muy distinto al tuyo por primera vez?

Tu "modo automático" disminuye porque estás prestando más atención de lo que normalmente haces. Todo te llama la atención; te fijas en todo, porque todo es nuevo para ti. Te sientes más a ti mismo como individuo porque todo es ajeno a ti; inclusive hasta puedes sentir inseguridad y más aún si en ese lugar hablan otro idioma.

Eres mucho más consciente de lo que haces. Tu cabeza se exige mucho más; desde cómo saber moverte sin ayuda en un aeropuerto, hasta cómo desplazarte en una ciudad sin nadie que te guíe. Estás muy alerta y viviendo en el presente más que de costumbre. ¿Estamos de acuerdo?

Ese mismo nivel de alerta es el que utilizaremos para entrar en un estado de mayor consciencia en este ejercicio.

Supongamos que en tu retrospección de la noche anterior, agradeciste porque en la mañana de ese día fuiste en taxi a tu oficina. Pues bien, cuando estés nuevamente en un taxi yendo a tu trabajo, sé consciente de ese momento y agradécelo. No necesariamente con palabras, sino sintiéndolo; siendo consciente de ese instante.

Agradece porque puedes pagar por el servicio; porque ayudas al conductor a ganarse la vida; porque puedes ir a tu trabajo en un medio de transporte. Agradece por vivir ese momento con la misma importancia que lo hiciste la primera vez.

Cuando era niño (tendría unos ocho años o menos), mi mamá me mandó solo de la ciudad de Santa Cruz a La Paz. Era la primera vez que me subía a un avión. Todo era nuevo. Viví segundo a segundo de manera atenta ese viaje y completamente en el ahora con los ojos inocentes de quien ve algo por vez primera. Lo único que no me gustó de ese momento fue que me ofrecieron un vasito de gaseosa, y no lo acepté porque pensé que me lo cobrarían (pequeño trauma de la infancia).

Pero bueno, sigamos. Sé consciente de cada momento que estás viviendo: imagina que te invitan a una cena donde estarán las personas que más admiras; a las que consideras como las más importantes del mundo y que siempre quisiste conocer; eres su fan número uno. Son como diez personas y únicamente por ese día vas a tener la oportunidad de conversar con cada una de ellas.

¿Cómo vivirías ese momento? ¿Cómo te dirigirías a cada de una de esas personas que tanto admiras? ¿Cómo te sentirías? ¿Cómo crees que estarías? ¿Emocionado? ¿Nervioso? ¿Feliz?

Aprovecharías cada segundo en prestarles atención y darles lo mejor de ti. Seguro que sería un día inolvidable y sentirías agradecimiento por tan única y especial ocasión.

Ahora bien, resulta que todas las personas que se te cruzan en el día, todas ellas son importantes. Cada persona es importante para alguien, solo que tú no te has fijado en eso. Cada persona en realidad es importante en este planeta, para este planeta y para el universo en sí. Todos somos almas que venimos vestidas de humanos; todos venimos de una creación divina y maravillosa; todos somos importantes.

Trata a todo el que se te cruce como si estuvieras en esa cena que imaginaste. Mírales a los ojos, sonríeles; dales lo mejor de ti. Sé consciente que con tu amable y servicial trato, esa persona puede sentirse importante. Te aseguro que tú también serás un valioso recuerdo en ese día para esa persona.

¿SABES LO QUE CREES?

¿Alguna vez has dado limosna? ¿Cuántas veces les has visto a los ojos cuando se las dabas? ¿Cuántas veces les has dado un beso o un abrazo después de haber compartido tu dinero con ellos?

Si estuvieras en su lugar, agradecerías un gesto de amabilidad; le agradecerías por su tiempo para contigo. Experimenta cómo es dar el dinero de manera mecánica y cuán distinto es hacerlo conscientemente y dándote unos momentos para con esa persona.

Y agradécele: te dio la oportunidad de compartir tu amor; de compartir tu tiempo; y de compartir tu dinero. ¿Qué sabes tú si en ese mendigo habita un "ángel" que quiere tu atención? O tal vez ese mendigo te considera como uno. En ambos casos, hay mucho por agradecer.

¿Te das cuenta de los momentos hermosos que puedes perderte si no eres consciente en ese instante? ¿De hacer las cosas con consciencia? ¿Con atención? ¿Con agradecimiento?

Cuando alguien tiene un gesto amable contigo, cuando te hacen un favor, te sientes bien, y te sientes agradecido. Luego, cuando alguien se siente agradecido contigo, también te sientes bien; sientes que has hecho algo reconfortante.

La idea de estar consciente del momento, de estar alerta en el ahora, no es solo para percatarte de que tienes mucho que agradecer a lo largo del día, sino también para que seas tú quien encuentre la oportunidad de generarle a alguien una razón de agradecimiento. Alégrale el día o por lo menos ayuda a que sea más llevadero. Basta una palabra amable, una sonrisa contagiosa.

En el instante que estás generando intencionalmente ese momento agradable a esa persona, es cuando más en el presente estás; es cuando más consciente de ti mismo eres. Esa tu bondadosa actitud ha generado dos sonrisas: la de esa persona y la tuya. Tú mismo te regalaste algo hermoso.

En el momento que diste, también recibiste esa energía benéfica de la Gratitud.

Una vez pregunté a una persona que andaba enojada con la vida por asuntos financieros: "Ahora no tienes por el momento un trabajo, ¿qué harías de buena gana aunque no te pagaran?".

Su respuesta fue: "Apoyar a abuelitos. Trabajar en un centro de caridad. Trabajar con animales. Trabajar como consejero de gente con problemas psicológicos como los que tuve. Ir de compras para una persona impedida, o para un abuelito o abuelita; limpiar su casa.

Me sorprendió. Detrás de esa mente tan enojada con la vida había un corazón noble y lleno de amor. Le contesté: "Si hay algo que te puedo asegurar, es que cuando empieces con tu voluntariado, tu vida cambiará grandemente. Las bendiciones siempre se derraman sobre los corazones sinceros cuando deciden actuar por una causa noble".

Así como tú haces cosas por agradecimiento a la vida, la vida también hace cosas por ti en agradecimiento. Te retroalimenta constantemente. Ser un generador de agradecimiento te convierte en un ser más bondadoso y más compasivo. Y la compasión, ese deseo de que los otros dejen de sufrir, es el mejor antídoto contra la depresión, el miedo, o la ansiedad, ya que surge en ti un entendimiento superior. Nunca vas a ver a un ser compasivo con miedo, nunca.

Volviendo al ejemplo de salir a la calle en modo automático, la gente está tan sumida en sus recurrentes pensamientos, tan absorta en este modo subconsciente, que se vuelve reactiva. Suele irritarse con facilidad reaccionando agresivamente al más mínimo estímulo.

Presta atención a la personas en la calle; en sus autos, en el metro, en el bus, o en las colas en lugares públicos. Las personas se tornan impacientes, intolerantes, desatentas, mentirosas, exageradas y egoístas.

Se ponen de mal humor empezando porque no les gusta el aspecto de alguien o hasta se violentan si es que les pisan el pie accidentalmente. Son más susceptibles a juzgar a la gente despectivamente; son más susceptibles a enojarse por cualquier cosa; que no les cedan el paso, o a reclamar por un mal servicio manifestando toda su molestia y estrellándose contra quien los atiende. El 90 a 95% de nuestro día estamos en ese estado; reactivos y a la defensiva.

Una vez fui a una oficina pública. Tengo un amigo que trabajaba allí. Este mi amigo me decía que a veces era una tortura ser un funcionario público porque muchas personas se desquitaban con él en el día.

Para corroborar su desagradable situación, sonriente le preguntaba a su colega delante de mí: "¿Verdad que es difícil trabajar aquí del otro lado del escritorio?".

A lo que su compañera de trabajo contestó: "¡Envejeces!".

Ponte a pensar que un funcionario público, al igual que tú, tiene problemas en casa; con sus hijos; o que tiene una enfermedad, o le falta el dinero o está triste. Y encima vienes tú a refregarle en la cara por el mal servicio de la administración pública y por lo incompetente que es el presidente del país y toda la gestión de su gobierno.

Piensa que ese funcionario puede ser tu padre, tu hermana o tú mismo recibiendo ese maltrato varias veces al día durante semanas, meses o años. Envejeces. Te enfermas.

Pero cuando caminas por la calle siendo consciente de lo que estás haciendo, estando alerta y siendo observador de ti mismo, vas a dejar de ser una persona reactiva porque tu mente está calmada y atenta a la vez. Tus palabras van a ser más amables, más amistosas, respetuosas y con buen humor. Te vuelves más comprensivo y ves en el fondo de las cosas lo más bello que hay en ellas. Voy a darte un ejemplo:

Tiempo atrás me trasnoché. Eran como las dos de la mañana; estaba preparándome para meditar, cuando de pronto escucho al gran y ruidoso carro basurero.

Tal vez, en otra etapa de mi vida, hubiera renegado por la bulla a esa hora, pero en vez de ello, pensé *¿qué pasaría si en este carro basurero viniera trabajando una persona a la que quiero mucho?* Ya no pensaría en la bulla del carro basurero, sino en la persona. Seguramente pensaría: "Oh mi Dios. Está trabajando a esta hora recogiendo la basura que generamos. No está con su familia. No está descansando en su hogar porque está trabajando haciendo un servicio que a muchos no les gustaría hacer".

En ese momento sentí una gran ternura por las personas que estaban trabajando a esa hora recogiendo la basura. En ese momento entré al fondo de las cosas y vi lo más bello que ahí había. Alguien hacía algo por mi salud, por la ciudad en la que vivo. Alguien estaba brindándome un gran servicio sin conocerme.

Obviamente se los agradecí.

Bastó tan solo un instante de consciencia para cambiar un hecho ordinario en una experiencia extraordinaria; una situación "molesta", por una oportunidad de crecimiento. Agradecí (a Dios, al Padre, a mi Yo Superior o como quieras llamarlo) por haberme dado ese momento de consciencia, de lucidez y de entendimiento que me permitió trasmutar esa circunstancia aparentemente "negativa" en un aprendizaje maravilloso.

En otra ocasión, estaba haciendo la fila para pagar mi servicio telefónico. Es muy común en estas oportunidades escuchar quejarse a las personas a los funcionarios por el excesivo cobro que a veces aparece en sus facturas. Pero lo interesante fue que el guardia de seguridad se encargaba de decir en voz alta al público: "Señor usuario, si tiene quejas sobre el monto de su factura reclame en el departamento técnico. No regañe a la persona que le atiende en caja, porque esta persona no tiene idea del porqué de su problema; ella simplemente cumple con su trabajo de cobrar; así que sea amable con quien le atiende por favor".

Me encantó.

Antes de irme a casa, fui a darle la mano para felicitarlo y agradecerle por tan solidaria iniciativa.

~ ~ ~

¿SABES LO QUE CREES?

Te cuento algo interesante además...

¿Sabes lo que son las *Neuronas Espejo*? Te explico (o te lo recuerdo):

Cuando muevo los dedos de la mano, mi cerebro empieza a codificar la acción de ese movimiento y de todo lo que ella conlleva. Si alguien observa detenidamente lo que hago, su cerebro también hará la misma codificación y segregará los mismos químicos, pero sin haber hecho el movimiento.

Las neuronas espejo son las responsables de que entendamos cómo se sienten las personas. No solo ves un rostro feliz, sino que también sientes su felicidad. Si vieras un alacrán subiendo por el brazo de alguien, posiblemente sentirías un escalofrío como si se tratara del tuyo. Este "fenómeno" de las neuronas espejo activa muchos mecanismos químicos y físicos en tu cuerpo y hace que lo sientas como si lo fuera en carne propia.

Me explico: cuando sonríes, tu cerebro genera dopamina (la neurohormona que genera bienestar); y, a su vez, los músculos de tu rostro también han entrado en acción (de manera directa, el músculo elevador del ángulo de la boca, el del labio superior, el orbicular de los ojos, el risorio y los cigomáticos mayor y menor).

Pues bien, cuando ves a una persona sonreír, tu cerebro detecta los músculos de la sonrisa de la persona a la que estás observando, y automáticamente también genera dopamina sin que hayas sonreído y a la vez también sin saber la causa que provocó la sonrisa que viste. Fueron los músculos faciales de la otra persona los que se movieron, pero tu cerebro asumió estos movimientos como propios. En este sentido, las emociones son transmisibles y afectan a la química de tu cuerpo ¡aunque no estés involucrado con la situación!

Podrás darte cuenta de cuán importante es sonreírle a la gente; le generas bienestar. Y, del mismo modo, cuando la gente te sonríe como respuesta, genera bienestar en ti.

Gran motivo de agradecimiento.

Si alguien te dice con ojos pícaros que va a contarte un chiste, tú ya estás empezando a sonreír sin saber de qué se trata. O si entras a una habitación en la que todos están riendo, tú también sonríes (o ríes) de las risas de las personas; y recién después de (son)reírte por un rato, haces la pregunta, *¿qué pasa, de qué se están riendo?*

Puedes inducir muy fácilmente a la gente a que entre en un estado de bienestar. Si vas donde una persona que atiende al público y esta tiene la cara larga, sonríele con los labios, con la mirada y con el alma. Su cerebro se activará con tu expresión y generará dopamina en esta persona; la hará sonreír y esa sonrisa, a su vez, generará dopamina en ti. ¿No es ese bienestar una razón para agradecer?

Basta una palabra amable, un trato gentil, dulce, cariñoso, para cambiarle el día a alguien. Incluso para salvarle la vida.

Haz que el agradecimiento no sea solo una respuesta de amabilidad; haz que se convierta en tu forma de ser. Eso generará un cambio de consciencia en tu vida; eso te hará vivir en el presente y no en modo reactivo.

Recuerda estas tres cosas:

1. Agradecer en meditación por todo lo que ocurre en tu día y en tu vida.

2. Agradecer en el mismo momento y lugar por lo que estás viviendo. No necesitas usar palabras, sino sentir esa vibración; estar consciente de ese momento.

3. Generar momentos agradables para las demás personas.

Agradece siempre en tiempo presente; no digas *gracias porque hoy fue un gran día*, sino simplemente, *gracias por este gran día*. Sigue manteniendo la buena vibración de ese día en tu mente, en tu corazón, en tu Ser. No pienses que ya pasó porque es más de medianoche. Recuerda que tu mente vive un eterno presente y, por cada sonrisa que recuerdes, tu cerebro seguirá generando químicos de bienestar en tu cuerpo.

¡Qué maravilloso entregarse al descanso con una sonrisa en los labios, en la mente y en el alma!

Este hábito de agradecer conscientemente te sube la vibración; te hace crecer, te armoniza, te cura, te fortalece y te hace entrar en un estado de consciencia superior.

Te cambia la vida.

*Pensamos en el futuro
para decidir nuestro ahora,
pero es nuestro ahora,
el que decide el futuro
en el que pensamos.*

LAS DOCE

Ahora que entraste en consciencia de estar alerta, de estar presente y de agradecer por lo que te sucede, vamos a dar un paso más; vamos a hacer otro ejercicio de consciencia.

Te recomiendo que hagas este ejercicio en algún momento y lugar libre de toda distracción. Sugiero que sea por la noche antes de descansar; pero, sobre todo, en la mayor calma. Si no estás en el momento y lugar adecuados, espera por favor a que la situación sea propicia para que le saques el mayor beneficio a este ejercicio. Sigue mi consejo por favor.

Bueno, asumiendo que está todo listo para empezar con el ejercicio, es importante que cada frase que leas la imagines lo mejor que puedas. Lee y visualiza una instrucción a la vez.

Comencemos. Imagina que:

- Estás en un café a las nueve de la noche. Acabas de pedir la cuenta y, mientras la esperas, observas con detalle a tu alrededor.

- De pronto el tiempo se detiene, quedas a oscuras y se te aparece un ser luminoso que te saluda con la sonrisa y la mirada más llena de amor que jamás viste.

- Te llama por tu nombre y hace que en la oscuridad aparezca como en una pantalla gigante toda tu vida. Ves en unos cuantos segundos desde tu nacimiento hasta el momento presente.

• Miras en esa pantalla incluso aquellas cosas que ya habías olvidado, tus alegrías y tristezas, logros y fracasos, y a todas las personas que se cruzaron en tu vida. El Ser te hace comentarios amorosos y no te juzga por nada.

• Desaparece la visión de tu vida y te dice que te ha mostrado todo ello para que ahora seas consciente de tus actos, porque en tres horas una explosión solar va a arrasar con el planeta. Esta explosión va a traer un nuevo y grandioso inicio para la humanidad. Te lo explica con tanto conocimiento y amor, que no sientes miedo alguno.

• Si bien esta explosión del planeta es en apariencia trágica, es un maravilloso acontecimiento para el alma del ser humano. Dependiendo de tu avance espiritual, irás al mundo que te corresponde; pero, en todo caso, mucho más avanzado que el actual.

• El Ser te aclara que nadie más que tú sabe que en breve dejará de existir el planeta. Solo tú lo sabes. Te dice que, en poco menos de tres horas, vendrá a buscarte nuevamente para llevarte a un plano celestial maravilloso, donde te esperan tus familiares y amigos ya fallecidos, junto a miles de amorosos seres que estarán dándote la bienvenida.

• El Ser desaparece y el tiempo vuelve a correr. Vuelves a escuchar la bulla del local, y a ver a la gente sentada en sus mesas. Miras cómo la gente conversa a tu alrededor; los unos, alegres; los otros, serios; unos fuman, otros comen, y a nadie se le pasa por la cabeza lo que le espera al planeta en menos de tres horas.

• No sabes qué hacer; nadie te creería lo que va a pasar en poco tiempo.

• Decides llamar a tu hermano(a). Y cuando te contesta te dice que no puede hablarte, así que te cuelga y apaga su celular. Decides ir a casa.

¿SABES LO QUE CREES?

- Mientras caminas, empiezas a observar a la gente en la calle. Te encuentras con un amigo que está muy feliz porque por fin consiguió un trabajo en el que comienza al día siguiente. Nunca llegará ese día. Lo felicitas y te despides sabiendo que es la última vez que lo verás, al menos en este plano.

- Sigues con tu camino. Ves una pareja discutiendo. La muchacha toda enfadada se sube a un taxi y se va sola. Nunca más tendrán la oportunidad de reconciliarse.

- La gente va y viene; unos, apresurados; otros, paseando. Todos desconociendo que es el último día de sus vidas.

- Ves a un pordiosero contando sus monedas. En un par de horas ya no mendigará más.

- Te llama una amiga al celular y te dice muy apenada que su tía tiene una enfermedad muy dolorosa desde hace meses. Tratas de darle ánimo, ya que sabes que la tía ya no sufrirá más dentro de poco.

- Miras tu reloj y, sin darte cuenta, ya ha pasado más de una hora desde que se te apareciera el Ser mostrándote tu vida.

- Recuerdas lo que viste. Reflexionas. Te acuerdas que viste cómo algunos de tus seres queridos guardaban resentimientos con su familia.

- Sigues caminando. Te encuentras con un par de amigas que están felices y que están yendo a bailar. Te invitan a que las acompañes. No aceptas porque estás yendo a ver a tu mamá. Ellas están apuradas y te despides, sabiendo que es la última vez.

- Continúas reflexionando. Tratas de ver qué cosas has hecho en tu vida que consideras realmente valiosas.

- Tu padre se encuentra lejos. No le diste un abrazo la última vez que lo viste; tampoco le dijiste un *te quiero*. Y no solo a él, sino a toda la gente que quieres mucho.

- Te preguntas si tus seres queridos irán a donde te llevará el Ser o si seguirán sus existencias en otros mundos.

- También te preguntas ¿por qué solo tú sabes que a la medianoche acaba todo? ¿Qué pasaría con el resto de las personas si lo supieran? ¿Seguirían viviendo igual? ¿Tratarían de reconciliarse con quienes se encuentran peleados?

- Recuerdas los problemas que tuviste, los recientes y los pasados. Recuerdas aquello que te causaba dolor, aquello que te causaba ansiedad, aquello por lo que estabas amargado, apesadumbrado, preocupado, estresado. ¿Valió la pena?

- Tomas un taxi y recorres las calles de tu ciudad por última vez mientras vas a tu casa. El taxista te conversa; te habla de fútbol, que el domingo irá al estadio. No llegará ese día.

- Llegas a tu casa y quieres darle un abrazo a tu mamá, pero ella está de muy mal humor. Se sale a donde una tía tuya y no te da la más mínima oportunidad de acompañarla.

- No hay nadie en tu casa. Prendes el televisor; vas cambiando los canales; telenovelas, debates políticos, noticias de ataques terroristas, concursos, publicidad; ves a través de la televisión en qué anda el mundo.

- De pronto se corta la señal; no sabes qué es. Apagas el televisor. Te prepararas un té; tu último té. Esta vez prestas atención a su aroma, a su sabor, a su temperatura. Disfrutas de este té como si fuera la primera vez.

- Paseas por las habitaciones de tu casa viendo todo por última vez. Escuchas unos ladridos que vienen de la calle; es un pequeño perrito abandonado. Lo recoges; le das comida.

- Miras tu reloj. Falta media hora: intentas llamar por celular, pero ya no hay señal. Miras al perrito a los ojos y piensas en lo que le espera en breve. Lo acaricias; él se acurruca en ti.

- Faltan quince minutos. Empieza a llover. Vas a la ventana; la abres para sentir un poco la lluvia y la brisa. Ves los árboles mecerse por última vez como despidiéndose de ti. Queda poco tiempo.

- Piensas en tu vida. Nada de lo que hiciste puede cambiarse; viviste lo que decidiste vivir. Hiciste lo que quisiste y lo que pudiste. Viviste momentos muy lindos y también tuviste momentos duros.

• Tu dinero, poco o mucho, ya no tiene ninguna importancia. Tus preocupaciones, resentimientos, tristezas y frustraciones, se han vuelto irrelevantes. Tus planes y tus ambiciones ya no tienen sentido.

• Te quedan diez minutos. Tu estatus, tus derechos, tu raza, o tener la razón ya no es importante.

• El "qué dirán", la aceptación social y ser exitoso ante la gente, es en lo que menos piensas ahora.

• Te quedan cinco minutos. El tiempo se pone ventoso. Hay una bruma extraña en el ambiente. Sientes frio.

• Te quedan tres minutos. Te preguntas *¿qué es lo que importa en esta vida? ¿Por qué y para qué he venido a vivir en este planeta que también llega a su fin? ¿Cuál es mi razón de ser? ¿Qué es lo que me llevo de esta vida?*

• Te queda un minuto. El perrito se ha quedado dormido en tus brazos. Sientes el palpitar de su corazón; lo acaricias, lo besas.

• Y te quedan treinta segundos. Tu corazón se acelera. Quedan diez y se acerca el momento. Quedan cinco, cuatro, tres… Respiras profundamente y cierras los ojos.

• Todo se oscurece; el tiempo se detiene y escuchas nuevamente la voz de ese Ser luminoso que te dice:

Cuando abandonas este planeta, solo llevas contigo lo que eres. Solo aquello que ha hecho crecer tu esencia.

No importará lo que hiciste, sino el cómo y el porqué de tus actos. No importará lo que tuviste, sino lo que compartiste.

No importará a quién conociste, sino qué fue lo que le ofreciste y lo que le sembraste en el corazón.

El Ser se aparece ante ti y, con su amorosa mirada, te dice:

En este par horas que has creído que estabas pensando en la vida, en realidad la has sentido con la conciencia, puesto que todo lo que has visto y percibido, lo hiciste desde el alma.

Vuelve a tu cuerpo y agradece por tener la dicha de vivir el día de hoy de manera provechosa.

• El Ser desaparece, la oscuridad también, y es la voz de la mesera la que te hace reaccionar al entregarte tu cuenta.

~ ~ ~

Este ejercicio es absolutamente de observación; de ser un espectador de lo que pasa en el mundo; de vivir en el mundo, pero sin ser de este mundo.

Si bien muchas líneas espirituales mencionan que, aparte del cuerpo físico, estamos conformados por varios cuerpos sutiles, algunas líneas espirituales nos dicen que somos cuerpo, mente y alma, y que utilizamos nuestro cuerpo para vivir una experiencia en este planeta; que nuestra mente es la creadora de la realidad que experimentamos, y que estas experiencias serán el aprendizaje que el alma ha venido a vivir "en carne propia".

El alma es la portadora del conocimiento, del Gran Conocimiento. Por eso hay cosas que las comprendes sin la necesidad de pensar; por eso te maravillas con algunas cosas sin el proceso de reflexionar; solo las entiendes. Si ves un hermoso paisaje, te solazas; te embelesas sin la necesidad de razonar. Hay una unión, una conexión entre la naturaleza y tu alma.

Cuando vives el día a día sin ser consciente, tu cabeza genera toda clase de pensamientos; la mayoría recurrentes. Surgen todos esos pensamientos de tu modo "automático", "programado", "subconsciente", y empiezas con los juicios que suelen llevarte a estados de ánimo desagradables, a estados en "modo ego".

Pero cuando actúas desde el alma, esta te lleva a lo profundo de las cosas; experimentas ese Conocimiento Universal de manera consciente.

Tenemos dos tipos de memorias. Una, a la que pertenecen los recuerdos e información de nuestra "máquina de pensar"; y la otra, que viene del alma. Esta es tu memoria universal, tu memoria cósmica, la que tiene la consciencia de la vida misma, de la divinidad, del amor. Es la memoria que el alma acumula en la eternidad y la que trae el conocimiento del Universo.

Normalmente, solemos hacer más uso de la memoria "inconsciente", recordamos pensamientos inútiles todo el tiempo; rumiamos constantemente los mismos recuerdos. *Me dijo fea... me mintió... no me gustó su crítica...* Estos recuerdos siguen guardándose "consciente" e inconscientemente en lo más hondo de nosotros porque les prestamos demasiada atención.

Nuestra calidad de vida depende de la calidad de nuestros pensamientos. ¿Quieres prestarle atención a aquello que te dijeron y que te hizo sentir mal? Pues seguirás sintiéndote mal y esa será la calidad de tu vida: "Conscientemente inconsciente".

Mientras que la memoria del alma es la memoria de la vida misma, de la creación misma, del amor mismo, de la razón de ser de la existencia misma. Posiblemente mucha gente no crea en "el alma", pero bastará con ver un cuerpo inerte ya sin vida, para darse cuenta de que aquella Inteligencia que lo animaba, ya no se encuentra ahí.

Esa "Inteligencia", esa "Entidad", esa Energía", era la que le daba vida a ese cuerpo orgánico. La que le sincronizaba los latidos del corazón, la que hizo posible que ese cuerpo haya sido alguna vez una "persona" consciente de sí misma, capaz de razonar, de reír, de amar, de vivir. Si esa Alma era la que le daba el soplo universal de vida, era porque contenía en sí misma la vida del Universo y, por tanto, su memoria.

Y debido a que en el diario vivir utilizas tu "mente" para crear, para actuar y experimentar (sean vivencias buenas o no tan buenas), puedes elegir crear bienestar o malestar en tu vida en función de lo que percibes del mundo, de tu cultura, de la sociedad en la que vives, de tus creencias.

Pero si unieras tu mente creadora al conocimiento de tu alma que es portadora del conocimiento universal, tendrías una vida absolutamente distinta. Así como hay gente que se pregunta *¿qué es aquello que me está matando?*, hay otra que se pregunta *¿qué es aquello que me hace vivir?*

El momento en que decides unir la mente con el alma que proviene del Universo mismo, de Dios mismo, y que contiene toda esa "Inteligencia", estás permitiendo que tu vida fluya guiada por una Consciencia Superior. Esa Consciencia Superior (llámalo Dios, si gustas) que dirige a tu alma es la misma Inteligencia que está en tus células, las cuales "saben" qué es lo que tienen que hacer para el correcto funcionamiento de tu organismo.

Es la misma Inteligencia que guía a las bandadas o a los cardúmenes; la misma que hace que las flores florezcan; la misma que nos da la vida a cada uno de nosotros, al planeta, y al Universo.

¿Cuándo te das cuenta de que estás "conectado" a tu alma? (también te dirían conectado al Todo). Cuando te enterneces por un animal, cuando te solazas con la naturaleza, cuando sientes misericordia por alguien, cuando te inspiras o cuando sientes profundos deseos de ayudar.

En todos estos casos sientes bienestar, alegría, paz, amor... Todo fluye.

Pero cuanto más en automático vivas prestando atención a tus enojos, a tu ego adolorido, a distraerte en la euforia del alcohol o a vivir en adrenalina o con actividades ociosas y literalmente distractivas, tu mente no podrá conectarse conscientemente con tu alma y aprovechar de su conocimiento, porque se trata de dos vibraciones diferentes. Así como el alcohol interfiere en tu cordura, tu modo automático interfiere con el alma.

Tu calidad de vida estará determinada por aquello a lo que le prestas más atención. Es decir, o vives guiado por "tu alma" (el Todo, tu Ser Superior, Consciencia Superior, etc.), o vives en automático. Vives 95% del tiempo en automático; pero cuando vives en el restante 5%, es cuando estás "consciente", lúcido, coherente, consecuente, amoroso, creativo. Imagina estar así el 100% de tu tiempo.

Cuando vacías tu cabeza de la bulla de los pensamientos repetitivos, cuando estás plenamente en el presente (a través de estar alerta o a través de la meditación, de la observación) es cuando creas el puente entre tu mente y tu alma; entre tu mente y una inteligencia superior o varias inteligencias superiores; entre tu Mente y el Todo.

Es por eso que, a través de este ejercicio de "Las Doce", con solo observar y sin juzgar, has entrado en un nivel de consciencia más elevado, y este te ha brindado un entendimiento más complejo. Has comprendido la vida desde un nivel más profundo en el cual tu "Yo Superior" ha observado a través de tus ojos, y no desde tus ojos, como suele ver tu cuerpo.

Sé un espectador silente, como si estuvieras viendo una película. Si ves a un niño que hizo una travesura o que mintió o que hizo "una maldad", no lo juzgas; entiendes "las razones" con las que se defiende, incluso puedes llamarle la atención para corregir sus actos, pero no lo juzgas. Entiendes que es un niño aún; entiendes que no tiene la capacidad de discernir, que es ingenuo, inocente; que no sabe lo que es el mundo; que recién se está desarrollando y que, por más que se lo expliques, seguirá llorando.

Solamente lo observas, solamente lo amas. Sabes que solo hay que esperar a que vaya entendiendo las cosas mientras vaya creciendo, y en la medida que su mente se vaya abriendo. Solo resta guiarlo de acuerdo con su capacidad de comprensión.

Si vieras los actos de las personas con esa óptica, entenderías que también les falta crecer.

Recuerdo una escena de la película *Infinito. El último Viaje* (Jay Weidner, 2009), en la que Renate Dollinger, una artista plástica alemana que vivió la Segunda Guerra Mundial, relata una experiencia psíquica con un "trabajador social celestial":

—¿Qué les pasa a los malos de verdad?

—Les falta madurar. El mal es solo desconocimiento.

—¿Y cómo aprenden?

—Solamente puedes aprender después de ponerte en las sandalias del otro.

Todos tenemos una historia que contar. Cada uno tuvo distintas reglas de juego y ninguno está en las sandalias del otro. Solo nos fijamos en sus actos, pero no estamos en sus sandalias. No tenemos porqué juzgarlos; solo están teniendo una determinada vivencia; sea de dolor, sea de alegría.

¿Recuerdas el ejemplo que di en el capítulo "No eres tú… Yo Soy" sobre el muchacho que en un ataque de ira cometió un daño? ¿Recuerdas que podías entender tanto a la madre como al amigo? Léelo otra vez.

Para eso escribí este ejercicio de *Las Doce*, para ver el fondo de las cosas a través de los ojos, y por encima de la forma.

La gente que causa "daño" lo hace porque no sabe lo que hace; porque no ha crecido, porque no tiene la "madurez espiritual" suficiente para saber que no es necesario hacer daño; porque aún somos como niños en ese sentido. Por eso Jesús decía *Padre, perdónalos porque no saben lo que hacen.*

Si supieran lo que hacen, obrando desde del alma, no engañarían, no ofenderían, no harían daño, porque en todos vería a un igual a sí mismo.

No saben lo que hacen; no son ellos. Sus mentes están "intoxicadas", sus reacciones son automáticas, programadas y subconscientes. No tiene sentido alguno juzgarlos, menos identificarse emocionalmente. Solo toca observar y aprender.

Imagina que vas a la jungla a hacer un documental sobre monos salvajes porque amas la vida animal. Entras en su hábitat, pero te ocultas para no interferir en lo absoluto. Deseas aprender más sobre ellos; deseas comprenderlos más profundamente. Para lograrlo, tendrás que limitarte a observarlos a través de la lente de tu cámara y a grabarlos en silencio. Verás cómo defienden su territorio, cómo se alimentan, cómo juegan, cómo pelean, cómo se aparean. También te llamará la atención lo "inteligentes" que son comparados con otras especies. Incluso verás que pueden hasta matar por marcar su territorio.

¿Juzgarías al mono agresor? ¿Juzgarías al mono este por querer ser el macho alfa?

Lo mismo puede pensar de nosotros un ángel o un extraterrestre que nos observa desde su dimensión: "Son inteligentes en comparación a otras especies. No podemos interferir, pero haremos lo posible y lo que nos sea permitido para ayudarlos a evolucionar, y para que algún día cercano podamos darnos un abrazo siendo todos uno".

Observa a la gente sin juzgar. Compréndelos como si fueran niños. Deja que tu alma, tu Yo superior, sea quien vea a través de tus ojos y permítele hacerte comprender la vida desde un estado superior de consciencia.

Cuando estás conectado con lo más puro de tu esencia, solo está la comprensión, solo está el entendimiento más allá de la forma en que ocurren las cosas. Comprendes que detrás de todo existe un bien mayor. No eres tu sufrimiento, no eres tus miedos, no eres tus tristezas. No eres un humano que está aprendiendo a vivir en lo espiritual, eres un espíritu que está aprendiendo a través de una experiencia como humano.

Este ejercicio de *Las Doce*, de saber que el mundo se acaba en tres horas, es para que entres en la consciencia de vivir un día a la vez; de vivir atento, como si este día fuera tu única oportunidad de hacer bien las cosas. De que seas consciente de que hoy puede ser el último día de la persona a quien tienes enfrente.

De que pienses menos y ames más.

*La soledad no es falta de compañía,
es falta de ti mismo.*

AMORES PERROS

Y si de amar se trata, cuando pregunto qué debe tener una relación de pareja para ser perfecta, escucho decir: amistad, sinceridad, respeto, confianza… No falta quienes incluyen dinero y belleza física. También se espera comunicación, química… Que haya admiración…

Y aún así, ese amor intenso, verdadero y eterno, a veces dura tan solo unos cuantos meses.

Esas cualidades que esperas de tu pareja perfecta tales como sinceridad, honestidad o confianza son en realidad un reflejo de tus propios miedos; hacen que en realidad ames desde la cabeza, desde el ego. Tienes miedo a que no sean honestos contigo. Además quieres que esa persona ideal sea como a ti te gusta; y, si tiene que cambiar para que estés feliz, pues ¡que cambie! y que de esa forma colme tus expectativas.

Anthony de Mello menciona que la frase *te amo más que a nadie*, significa "me atraes más que nadie; eres lo que mejor encaja en lo que me gusta".

Algunas parejas aprenden a amarse con los años, otras simplemente se acostumbran y solo se apegan a la compañía; pero otras incluso no se separan por ser dependientes afectiva o económicamente.

También es común que cuando estás con una pareja, te entre la pregunta: "¿Y si no estoy con la persona adecuada?".

Tocaría preguntar ¿qué es una persona adecuada para ti? Tengo más de una amiga que ha querido casarse con todas sus parejas. Cada vez era lo mismo: "¡Este es! ¡Lo sé! Mi corazón me lo dice". Y así pasaron en su vida como ocho "¡Este es!".

Suele suceder que estás con una pareja solo porque encaja en tus gustos físicos y sociales, pero cuando pasa la emoción, cuando la persona ya no encaja en tu expectativa, buscas otra.

¿Por qué no funcionan tus relaciones?

En parte, por todo lo que hemos ido desarrollando en los anteriores capítulos (y en los que vienen a continuación); sin embargo, voy a hablarte de alguien que realmente puede enseñarte a amar; que no sabe hacer otra cosa que amarte sin condición alguna y por encima de todos tus pecados. No es Buda, tampoco Mahoma, ni la madre Teresa de Calcuta...

Es tu perro.

Si quieres experimentar el verdadero amor, solo mira a tu Rufus (llamo Rufus a todos los perros).

Tu Rufus simplemente te ama con todo su ser. No le importa cómo eres, no le importa cómo hueles, no le importa nada, sencillamente te ama; y es tan hermoso, que es imposible no adorarlo. Si eres un amante de los animales y, sobre todo de los perros, entenderás perfectamente lo que es amarlos.

Es muy curioso que tengamos la capacidad de amar incondicionalmente a esta especie; mientras que entre humanos priman las condiciones, las exigencias, las expectativas, el aburrimiento, la costumbre. Estamos llenos de prejuicios y paradigmas sobre el amor.

Si te preguntara ¿qué esperas de la relación con tu perro? Seguramente dirías: *Nada. Es perfecto como es. Solo lo amo.*

Pero si se trata de tu pareja... *Que su calcetín huele así... que su barriga le cuelga... que su peinado está horrible... que su bigote se moja en la sopa...*

En fin, te molestan muchas cosas; pero si tu Rufus mete el hocico entero en su sopa y sale todo sucio, te parece hermoso, te parece gracioso, ¡adorable! ¡te divierte! Le limpias el hocico y lo besas en un ataque de ternura alocadamente amoroso.

Eso no haces con tu marido o con tu esposa. ¿Cómo reaccionarías si le vieras la boca y sus alrededores llenos de sopa después de habérsela comido casi salvajemente?

¿Por qué te ocurre eso con tu Rufus? Porque con tu Rufus estás en un estado de amor puro permanente, mientras que los defectos de tu pareja es algo que te toca tolerar. Lo que un día fue el apasionado gran amor de tu vida termina, a veces, en una desabrida e incluso tortuosa relación.

Con tu Rufus no sucede aquello; ese amor a primera vista nunca baja de intensidad; por el contrario, crece cada día por más "defectos" que tenga el perro.

Cuando tu Rufus hace algo mal, cuando comete una tremenda travesura, tal vez lo regañes, tal vez te enojes o al menos lo finges, pero a veces ni eso te sale bien porque tu Rufus es demasiado tierno, es demasiado hermoso. No termina el día sin que te contentes con él, sin que lo abraces y lo besuquees para demostrarle que lo amas como si fuera la primera vez.

¡Te encanta ver cómo se alegra! Y su alegría es tu alegría. No puedes enfadarte por mucho tiempo con tu Rufus, ¡no puedes! Tu amor es tan grande que te duele verlo arrepentido; y peor si te mira de costado con esos tiernos ojitos buscando tu perdón.

¿A ver, que tu pareja te vea de costado con esos ojitos? ¡Pues no! ¡Tu enojo puede durar muchos días!

A tu Rufus siempre lo amas como si fuera la primera vez. Desde que lo agarras de bebé y su hocico huele aún a leche, y su rosada barriguita se pone como una pelota después de comer, hasta su último día. Lo amas todos los días de manera única; a tu pareja no. Con tu pareja tratas de llevar una vida lo más armoniosa posible; con tu Rufus siempre es amor.

Si alguna vez estás triste, ¡qué mejor consuelo que tu Rufus! Qué mejor consuelo que una lamida suya; qué mejor que venga a olfatearte con su húmeda naricita y que te dé todo su amor.

Siempre está dispuesto a acompañarte. Si son las tres de la mañana y vas al baño, él se levanta y va contigo; si te amaneces trabajando, también es él quien te acompaña durmiendo a tu lado. Realmente es un gran compañero de vida, y obviamente ni se te pasa por la cabeza la idea de cambiarlo por otro (como posiblemente lo harías con tu pareja), porque lo amas de manera profunda. No hay juegos, no hay mentiras, no hay pugnas de poder, no hay egos. ¡No te cansas jamás!

No necesitas vestirte a la moda para agradar a tu perro; no tienes que ponerte perfume alguno, ni tampoco llenarlo de halagos o regalos como lo haces en la fase de conquista. Con tu perro no hay esa fase, lo amas siempre; no existe el enamoramiento, solo amor.

El ser humano es complejo, y esta comparación puede parecerte hasta absurda, pero utilizo este ejemplo como una reflexión para sensibilizarte en torno al amor. Observando a los Rufus, he aprendido mucho sobre lo que es el amor incondicional, lo que son la transparencia, la pureza, la alegría y la entrega. Estas reflexiones hacen que pensemos, por qué somos tan cambiantes con las personas.

¿Por qué te decepcionas de las personas y no de tu perro? Porque a las personas solemos amarlas con el ego y a los animales con el corazón. Intentamos cambiar a las personas para que calcen con nuestra forma de ser, para "llevarnos mejor". Vivimos frustrantes relaciones esperando y confiando en que nuestra pareja "cambie para bien", porque pensamos que somos nosotros los que "obramos bien"; la pareja suele ser quien tiene la culpa.

Conozco a más de una persona que piensa que un requisito para su próxima relación es que su futura pareja tenga mucha solvencia económica, mucha. Está claro que esto nada tiene que ver con el amor incondicional. Es tan maravilloso observar cómo un Rufus no se percata de lo que es el dinero; él puede vivir en la calle o en una mansión amando con la misma intensidad a su humano. Ellos aman estén donde estén y estén con quien estén, y lo hacen desde lo más profundo de su ser; es su naturaleza.

A tu Rufus lo amas como es; sea juguetón, renegón, hiperactivo o dormilón; sea de pura raza, sea uno callejero; sea hermoso o sea "horrible". Tu amor no se fija en ello; tu amor es realmente elevado. Lo amas por encima de tus estados de ánimo; por encima de tus fracasos o de tus éxitos; en salud o enfermedad, en riqueza o en pobreza. Lo amas cada día de manera única y profunda.

¿Por qué queremos cambiar a las personas? ¿Por qué nos estrellamos contra ellas? ¿Por nuestra forma de ser? Pues con nuestra misma forma de ser es con la que amamos a un Rufus. ¿Por qué llevamos una relación tan mental y dependiente de nuestro ego para sentirnos a gusto con las personas? Puedes decir que te resulta fácil querer al perro porque él no opina acerca de ti; porque no te agrede emocionalmente; no te juzga, no te critica.

Cuando un Rufus te acompaña, es como si este te dijera: "Mira, no me interesan tus defectos, ni los errores que cometiste en la vida; tampoco vamos a hablar de tus éxitos, ni de tus miedos o tus aspiraciones. Tampoco del pasado o del futuro, porque este momento que voy a compartir contigo es solo para amarte, para darte lo mejor de mí, y para vivir el presente plenamente junto a ti. Y si aún quieres hablarme de tus cosas mientras compartimos nuestro tiempo, hazlo, que igual voy a escuchar sin juzgarte, y seguiré feliz por estar a tu lado amándote; yo dándote mimos, y tú frotándome la barriga mientras me recuesto de espaldas. También podríamos jugar con mi pelota, o zarandear a mi peluche... ¡Es una buena idea!".

Está dispuesto a exponer la vida por ti. ¿Alguna vez viste a un diminuto chihuahua ladrando en defensa de alguien? Pues cuando te defiende, lo hace con todo su ser; y con sus agudos ladridos le dice hasta de qué se va a morir al posible agresor. Saca la fiera que lleva dentro, y no dudará en clavar sus diminutos colmillos, allá, donde su estatura lo permita. Está además dispuesto a luchar con quien sea, por más que el contrincante sea veinte veces más grande él. Se le pondrá valientemente enfrente con la actitud de *¡no te metas con mi humano!*

Te ama incondicionalmente. Ama únicamente a tu Ser, no a tu personalidad. No te juzga; no sabe hacerlo porque no está en su naturaleza. Solamente te brinda su amor. No le importa tu malhumor; para él tú eres más importante que tu malhumor. Siempre está dispuesto a acompañarte; y si no quieres jugar con él, no se enoja, no se resiente; espera a que estés dispuesto.

¿Por qué no tenemos esa actitud en nuestras relaciones afectivas? El perro es como es y lo aceptamos así. El perro no pretende cambiarte ni tú a él. ¿Por qué no somos capaces de amar a un ser humano tal como es, sin intentar cambiarlo?

Amas a tu Rufus tal cual es, sabes que es un travieso, sabes que todos tus zapatos peligran, sabes que está dispuesto a masticar todo aquello que encuentre en su camino. Sabes que no le importan tus plantas y que se divierte escarbando en tus macetas. Sabes que adora corretear al gato tumbando todo objeto que se le interponga; y ni se inmuta si entra en tu casa con las patas llenas de barro. Solo está feliz todo el tiempo y dispuesto a que tú también lo estés.

Tomas tus previsiones ante sus potenciales desastres, pero no te amargas la vida por su "forma de ser". Todo lo que haces por él es exclusivamente por amor y con el mejor ánimo. Incluso cuando limpias sus vómitos, lo haces con el mismo cariño con el que le cambias un pañal a tu bebé, porque lo amas.

Puedes tener un mal día alguna vez; en el trabajo, en la universidad o problemas económicos, etc., pero cuando llegas a casa, está ahí tu Rufus saltando de felicidad al verte. Y aunque estés con cara de pocas pulgas, igual sigue alegre; incluso te trae su juguete. Si no tienes ganas de jugar con él, se calma, juega solito, bota su pelota, se lame la pata, se recuesta, se duerme, pero no se toma a nivel personal el que no hayas querido jugar con él.

Por más que hayas tenido un pésimo día, igual te preocupas por tu Rufus; tal vez no tan efusivo, pero igual lo bañas, lo cepillas, le pones su chalequito, le das su comida y sigues cuidándolo. Un impulso protector te lleva a velar por su bienestar pese a tu ánimo.

¿Qué es lo lindo de los Rufus? Cuando voy a Alemania (normalmente para la Navidad), saco a mi Rufus a pasear por la noche; y mientras estoy congelándome en medio de la nieve, el otro está de lo más feliz correteando y olfateando por donde pueda; el frío no es impedimento alguno para gozar de su paseo. Si estás en la lluvia, tu perro se moja contigo; no le importa a dónde vayas o cómo esté el clima; siempre querrá acompañarte. Basta que le digas *¿vamos a pasear?*, y se levanta contento para acompañarte, aunque sean las tres de la mañana.

Pero si a tu pareja le dices *¿vamos a pasear?* Probablemente te conteste: *Ay no. Ve tú. Más bien tráeme una pizza cuando vuelvas.* Tu pareja ha perdido toda la predisposición que era parte de su entusiasmo en la fase del enamoramiento.

A veces realmente no te provoca el más mínimo placer estar con tu pareja; no te despierta ni un solo sentimiento y puedes acostumbrarte a vivir así. Con tu Rufus no existe tal situación, porque ambos viven un verdadero amor eterno.

Hay veces incluso, en que recibes mayor consuelo de tu Rufus que de tu pareja. ¿Qué encuentras en un Rufus? Amor permanente, alegría y compañía. Si trabajas o estudias hasta tarde, él está a tu lado; y aunque esté dormidito, ni bien abre un ojo, está ahí lamiéndote con toda su ternura. No en vano muchas personas dicen *por eso tengo un perro y no me he casado; cuanto más conozco a las personas, más amo a mi perro.*

Son nuestros esquemas los que nos impiden vincularnos plenamente con otro ser humano. Dejamos de vivir el presente por aferrarnos al pasado y por ansiar el futuro. Todo el tiempo estamos sumidos en nuestros pensamientos, ensimismados en nosotros mismos; siempre a la defensiva y siempre reactivos. "Amamos" con la cabeza; por eso anhelamos conseguir una pareja ideal, una pareja perfecta para nuestra cabeza.

Hay un cuento que dice que había una mujer que buscaba al hombre perfecto para su vida. Besó a muchos sapos esperando que alguno se convirtiera en su príncipe azul, hasta que un día finalmente encontró al hombre de sus sueños. Era el adecuado, era el hombre perfecto por el que ella estuvo esperando toda la vida.

Pero había un pequeño inconveniente.

Ella no era la mujer perfecta para él.

Así que no funcionó.

Mientras buscamos satisfacer nuestro ego encontrando a la persona "perfecta" de acuerdo con nuestros gustos, puede pasarse la vida entera. Si eres un amante de los animales verás la perfección en cualquier Rufus y lo amarás con toda tu alma desde el primer día hasta el último. Los seres humanos también son "perfectos", pero la diferencia es que a ellos los vemos a través de la lente de nuestros prejuicios, temores, frustraciones y paradigmas.

Tú no te la pasas buscando al "perro perfecto"; todos los son más allá de su naturaleza tranquila o traviesa; más allá de su raza, más allá de su personalidad. Solamente los amas. Mientras que con los humanos tal vez puedas decir *¿cómo puedo ver lo bello en un ser humano "malo", en un ser humano agresivo o peligroso?* Pues ese ser humano, al igual que un Rufus, ha vivido en un entorno hostil que lo ha convertido así.

Cuando ves un animalito que se ha convertido agresivo y hasta peligroso, sin duda te viene una gran compasión porque intuyes que esa criatura no la ha pasado bien; ha sufrido, tiene miedo y desconfianza, y su agresividad no es otra cosa que un mecanismo de defensa, una protección ante el miedo. Sabes que no conoció de amorosos cuidados, por eso te entristeces, y harías lo que esté en tus manos para que ese animalito esté bien, para que confíe en las personas, para que ya no tenga miedo, para que se deje amar, para que sea feliz y saque nuevamente a flote su dulce naturaleza.

Lo mismo les pasa a las personas; pero, muchas veces, en vez de mirar en lo profundo de su ser, solo las criticamos, las rechazamos, nos "cuidamos" de ellas y hasta les damos más motivos para afianzar lo "malo" que hay en ellas.

No las vemos con el corazón; las vemos con nuestros paradigmas y por eso no podemos amarlas. Vivimos con pensamientos aferrados al pasado. Nuestro futuro depende de los recuerdos que tenemos y por ello nunca somos libres en el presente. Constantemente estamos evaluando una vivencia asociándola o comparándola inconscientemente con alguna experiencia pasada; sea propia o de terceras personas. No tenemos "la costumbre" de intentar una nueva experiencia como si fuese la primera vez.

Una de las grandes cosas que aprendo de los Rufus es que viven plenamente en el ahora; se alegran cada vez que te ven cuando vuelves a casa por más que hayas salido diez minutos antes. Viven cada día como si fuera el único día a tu lado; como si fuera la primera y última vez, y cada día es tan intenso como el anterior. No les importa si te mudas de una mansión a una choza, igual están felices. No le importa si hace frío o calor, igual están dispuestos por milésima vez a salir a olfatear las calles. No les importa si tienes treinta kilos de más o si no te bañaste en dos semanas, igual adoran estar contigo.

Un Rufus vive absolutamente en el presente. Siempre está listo para estrenar el momento. Si le preguntaras *¿qué hora es?* te respondería con inocencia y entusiasmo: *¡Es ahora!*

Muchas relaciones se terminan por un pasado no superado o por los miedos ante el futuro o por querer tener siempre la razón. El ser humano se la pasa peleando contra aquello que no calza con sus esquemas, sus costumbres, sus ideas o su religión y nada de ello le sirve a la hora de entregarse al 100% como lo hace un Rufus. Nos iría mucho mejor en nuestra relación con el prójimo si apuntáramos al corazón y no a la cabeza.

Cuando observas a un Rufus, te das cuenta de que tienes mucho que aprender, mucho que valorar, mucho que apreciar. Es un ser que no necesita hablarte para hacerse entender; es un ser que no sabe de resentimientos; es un ser que siempre está pendiente de ti; que siempre tiene una mirada clara y profunda.

Posiblemente puedas pensar que los seres humanos somos tan distintos y complejos, que jamás estaremos en condiciones de dar amor como lo hace un Rufus que siempre está viviendo en el presente, pero creo que ellos pueden inspirarnos a vivir de manera más sencilla, consciente y amorosa, sin cargar el peso del pasado, las ansias del futuro y los prejuicios de la mente.

¿Sabes cuándo te das cuenta de que realmente puedes vivir el presente sin meter tu cabeza, tus resentimientos o tus frustraciones? Cuando vives una situación extrema; cuando alguien se te está muriendo. En este tipo de circunstancias, las cosas más duras de la vida se disipan inmediatamente, porque lo que único que importa en ese momento es el amor que le estás dando a la persona que está por marcharse. En esos momentos tan conscientes de la vida, cuando tienes enfrente a un moribundo, es cuando se aprecia, se valora y se ama a la persona de manera muy profunda sin importar el pasado. Solo cuenta ese ahora, ese instante, esa oportunidad en que se olvidan los "malos" momentos y solo cuenta la persona agonizante.

La vida es muy corta para vivir enojado; la vida es muy corta para no ser felices juntos; la vida es aquello que se te va mientras te peleas por tener la razón. La vida es demasiado corta para no darte la dicha de servir a tu pareja, a tus seres queridos y al prójimo. La vida es aquello que se te va por esperar a la pareja perfecta y a la situación perfecta.

No nos damos cuenta de que todas las personas que se nos cruzan en la vida son perfectas para la vivencia y aprendizaje que en ese momento necesitamos experimentar. Son perfectas para ponernos a prueba y sacar a la luz nuestras debilidades o grandezas. Son perfectas porque son un fiel reflejo de cómo estamos vibrando. Son la respuesta perfecta para experimentar aquello que estamos atrayendo con nuestra forma de ser, sea consciente o no.

Acoges en tu vida a un Rufus con los brazos abiertos y el corazón pleno, y tomas su existencia como una bendición para ti. Con las personas no te pasa eso; siempre le andas regateándole a la vida. Si la vida pone en tu camino al muy ansiado príncipe azul, resulta que quieres negociarle el tono de azul. O sencillamente pese a "lo perfecto", sientes que "te falta algo" y te frustras porque te falta algo que no sabes qué es.

La vida te da lo que necesitas en lo que se refiere a tu aprendizaje universal. Lo poco o mucho que recibes de la vida es la medida correcta para lo que necesitas aprender, pero como no estás en sintonía con ello, esperas de la vida aquello que tú crees que es lo mejor para ti de acuerdo con tus esquemas; esquemas de lo que consideras "bueno o malo".

No todas las personas saben cómo amar a un perro, pero todos los perros sí saben cómo amar a una persona. Qué hermoso poder llegar a ello. Son nuestros apegos y egos los que nos boicotean la vida y son los que hacen "que el amor se acabe"; que ya no sientas "lo de antes", y que vivas una tortura al lado de la persona que en un momento dado te diera tanta felicidad.

Permítete experimentar la vida un día a la vez; permítete experimentar el aquí y el ahora como si fuera siempre la primera vez; permítete experimentar el momento presente como lo hace un Rufus. ¿Recuerdas el ejemplo que cité en el capítulo del agradecimiento, aquel ejercicio de estar atento como cuando vas a otra ciudad o país por primera vez? Pues así es un Rufus cada vez que sale en sus paseos diarios. Corretea y olfatea entusiasta por un camino que ha recorrido centenares de veces; y siempre "investiga" los olores con la misma atención.

Vive un día a la vez como lo hace un Rufus; no cargues con un pasado que no se cambia y con un futuro que no existe. Mira a tu pareja como aquel ser humano que comparte su vida (su vida misma) contigo. Están ahí para darse lo mejor de cada uno, un día a la vez. Como si fuera el primer día, como si fuera el último, como si fuera el único.

Cuando amas, te olvidas de ti mismo en el más elevado sentido de la palabra; únicamente estás para dar lo mejor de ti, solamente estás para servir. Una amorosa madre lo entiende, un abnegado padre lo entiende, una persona espiritualista lo entiende y un Rufus también lo entiende.

Los animales son un ejemplo de la aceptación del momento por más trágico que sea para ellos. Basta con ver a un perro callejero; se limita a buscar alimento, a cubrirse de la lluvia, a descansar donde le toque; sin quejarse, sin deprimirse. Y cuando están por morir, esperan su hora en paz; siguen amando hasta el momento de cerrar los ojos.

En fin, nos enseñan mucho.

Tengo algo de Internet para ti. Incluye algo de mi cosecha:

> *Si puedes empezar el día sin cafeína;*
> *si puedes evitar quejarte y aburrir a los demás con tus problemas;*
> *si puedes comer la misma comida día tras día y estar agradecido por eso;*
> *si puedes entender cuando tus seres amados no tienen tiempo para ti;*
> *si puedes aceptar la crítica y la culpa sin resentimiento;*
> *si puedes contra las tensiones sin necesidad de medicinas;*
> *si puedes relajarte sin tomar alcohol;*
> *si puedes dormir sin necesidad de pastillas;*
> *si puedes disfrutar de la brisa en tu rostro cuando sales en coche...*
>
> *Si puedes hacer todo eso sin dificultad alguna, entonces tú probablemente eres:*
>
> *¡Un Rufus!*

Aprende a exigir menos y a brindar más como lo hace un Rufus. Una de tus misiones en la vida, como dijera el Poeta Rumi, *no es buscar el amor, sino encontrar todas aquellas barreras que te han impedido verlo.*

Darte cuenta de que no eres tú es el primer paso; y el segundo es querer fervientemente un cambio profundo en ti.

*No controles "todo" en tu vida,
más bien deja que "El Todo"
tome el control.*

LOS CAMBIOS

La vida cuando más vacía es, mayor carga tiene. Entrar en una crisis existencial es cuestionarte cómo estás viviendo. Suele surgir de una insatisfacción o de la falta de amor. Otras veces, es la edad madura la que lleva a querer darle otro sentido; y es común también que un hecho inesperado sea el que traiga los cambios.

Al evaluar tu vida, sueles hacerlo en función de tus logros y de lo que tienes: *Tengo una familia, tengo casa, tengo coche, tengo trabajo estable, tengo salud... Me va bien. Mi vida está bien.*

Nos enseñaron a confiar en algo exterior a nosotros para realizarnos: más dinero, más posesiones, más éxito. Desde niños surge ese ego que se obsesiona por conseguir cosas y que luego lucha por no perderlas. Desde la escuela se nos enseña a competir y a ser el mejor como un sinónimo de estatus. Cuanto más logres, más admirado y respetado serás, pero si desaparecen tus posesiones, tu cargo o tu poder, también suele desaparecer tu valía como persona.

Tu vida es "estable" mientras no la alteren económica o emocionalmente. Vives en una zona de confort. Eres lo que tienes; si tienes trabajo estable, eres estable. También dependes emocionalmente de la demostración de afecto: tu vida sin él, sin ella, no tiene sentido, como dirían centenares de canciones y poemas.

Llega un momento en tu vida en el que surge un punto de inflexión; varias son las causas: te cansaste de esa búsqueda externa de felicidad, un hecho sorpresivo en tu vida y no necesariamente el más hermoso o llegaste a tocar fondo en los excesos: depresión, alcohol, drogas... y ya no das más.

En realidad, mucha gente no intenta solucionar sus problemas; se ha acostumbrado a convivir con ellos: *Ni modo... Qué me importa... ya pasará...* En el fondo, no quieren un cambio, solo quieren que se pase el mal momento. Su lógica radica en que son las circunstancias las que tienen que cambiar, y no la persona.

Si sigues obrando de la misma manera en tu vida, ¿qué te hace pensar que obtendrás resultados diferentes? ¿Hace cuánto tiempo que estás en lo mismo echándole la culpa al destino o al karma?

El problema no radica en las cosas que te ocurren, sino en lo que piensas sobre las cosas que te ocurren; y tú eres el único responsable de lo que piensas.

Si no te das cuenta de cómo piensas o de cómo actúas, observa al menos las reacciones que causas en las personas. Fíjate cómo te ve la gente; qué dice sobre ti; mira cómo reacciona ante ti. ¿Te trata bien? ¿Discutes mucho? ¿No te toman en cuenta? De ser así, no me extrañaría que pienses que ellos son los raros, los "mala gente", no tú. No me extrañaría que no te hayas dado cuenta de lo que causas en los demás.

Cuando haces un profundo cambio, cuidas lo que dices y cómo lo dices; respetas lo que escuchas y meditas lo que callas. Ya no hay ni castigos ni injusticias, solo comprensión. El respeto se vuelve parte de ti; respetas todo tipo de vida, incluyendo la tuya. Te preocupas por alimentarte mejor y te preocupas por buscar más momentos para estar en silencio, para entrar dentro de ti y fundirte con la creación.

Tu carácter se torna bondadoso y tu palabra, gentil. Te alegras cuando ayudas a alguien a conseguir algo. Ya no guardas las cosas para ti; las compartes, prefieres ayudar a otros. No te interesa sobresalir.

Ya no te preocupas por el destino porque solamente quieres ayudar y compartir tu vida con los demás; con mente abierta a todo y apegada a nada.

¿SABES LO QUE CREES?

Haces las cosas solo por el gusto de hacerlas sin ningún interés de por medio. El Universo facilita tu servicio. El dinero deja de ser un objetivo, se convierte solo en un medio; y el "yo no puedo" desaparece de tu vida.

Pasas de un estado de "derecho a ser" o "derecho a tener", a un estado de humildad. No se trata de que estés mejor que el resto de las personas, sino que tú estés mejor que antes. Ya no te quejas; aprendes de la vivencia. Dejas de poner etiquetas a las personas, a las cosas y a los sucesos. Dejas de criticar. Ya no juzgas, solamente comprendes. Dejas de sentirte víctima y más bien te sientes afortunado por la experiencia que te hizo crecer. Dejas de reaccionar en modo automático, de ser reactivo. Ya no vives de recuerdos, tan solo vives el presente.

Vives en un mundo en el que todo es posible y en donde no hay accidentes; confías en una Inteligencia Superior organizadora que sostiene todo el Universo. Tampoco te apegas a los resultados ni a las cosas ni a las personas ni a ti mismo.

La vida ya no es una carga; es una oportunidad. Tu vida empieza a ser guiada por algo que es mucho mayor que tú. Comprendes que cuando estás alineado con la Fuente, con Dios, o como quieras llamarlo, todo es una bendición; y tú eres solamente una herramienta de servicio.

Es tu Esencia unida a La Fuente, al Origen, al Amor lo que determina tu vida, tu camino, tu destino, y ya no las condiciones externas de antes.

Dejas de tratar de controlar todo en tu vida y más bien permites que el Todo tome el control. Dejas que esa Inteligencia Superior lo organice todo por el solo hecho de ser parte de ella. En vez de tú darle sentido a la vida, la vida empieza a darte el sentido; y, cuando eso te ocurre, ya no hay vuelta atrás.

Solamente tienes que ser consciente del momento presente. Ser consciente de ti mismo, de la presencia que anima tu cuerpo físico. Cuando haces esto, se aquieta tu mente y la frecuencia de tu cerebro cambia. Cambia tu ánimo; te vas desconectando de tu yo "físico" y te vas conectando a tu yo "Ser"; a tu Yo Superior.

Eso no significa que tengas experiencias paranormales o que ocurran milagros con un toque hollywoodense. El "milagro" que ocurre es dentro tuyo. Se despierta en ti la consciencia, la misericordia, el deseo de ayudar... Te depuras.

Entras en una consciencia de bienestar y lucidez. Ya no juzgas, solamente comprendes. Entiendes que no hay gente mala, sino que simplemente tiene la cabeza intoxicada y que no sabe lo que hace, que no es consciente de ello. Por eso engaña, por eso miente, por eso hace daño.

Ya no tomas las cosas a nivel personal; ya no tienes miedo, ya no sufres. Comprendes que la gente sufre porque no entiende la razón universal de su existencia y de su paso por esta Tierra. Y no sabe que no lo sabe.

Cuando empiezas a vivir conscientemente conectado a esa mente superior, dejas de criticar, dejas de chismear, dejas de causar daño. La forma de expresarte cambia, tu comportamiento cambia, tu alimentación cambia. Sentir paz ya no es un estado anhelado, es una forma de ser. Das por el gusto de dar, compartes por el gusto de compartir, sin esperar nada a cambio, ni siquiera las gracias.

En ese momento, sí eres tú. Una Inteligencia Superior comienza a manejar tu vida siendo tú consciente de ello.

No sientes la necesidad de demostrar nada a nadie; ni a ti mismo. Ya no ves culpables, solo a gente que está aprendiendo a vivir; dejas de querer tener siempre la razón.

Tus pequeños actos sinceros y amorosos son los grandes milagros en la vida de los demás. Sonrisas que devuelven el alma; palabras que brindan esperanza; actos que curan, que salvan vidas.

Y como se menciona en la película *Nuestro Hogar* (Nosso Lar, 2010, Wagner de Assis):

> *"Cuando el servidor está listo, el servicio aparece.*
> *Todas las maneras de servir son una bendición".*

Voy a contarte dos historias que tienen que ver con un cambio. La primera trata sobre mí:
En el año 2004, salí por primera vez en televisión con un programa motivacional llamado *Contacto*. Lo hacía por "hobby". De ahí vino una segunda y una tercera temporada hasta el año 2006 y, posteriormente, este programa se volvió a emitir un sinnúmero de

veces por distintos canales de la televisión boliviana durante los siguientes siete años.

Fue una gran experiencia y mucha gente cambió su vida positivamente debido a los contendidos de sus capítulos. En esos tres años, lo que empezó como algo que hacía en mi tiempo libre, se convirtió en un tema que cada vez lo tomaba más en serio.

Luego de culminar la tercera temporada de *Contacto*, mi vida siguió su curso. Seguí trabajando en el área audiovisual y, con tiempo y esfuerzo, pude comprarme mis propios equipos, y ganarme clientes importantes a lo largo de los años venideros.

La idea de volver a hacer un nuevo programa estaba presente todo el tiempo, y cada vez con más fuerza; sin embargo, cada vez que trataba de ponerme a diseñar y preparar un nuevo programa, mis compromisos laborales volvían a postergarlo. *Si tuviera más tiempo para poder dedicarme a escribir mis guiones...* era una frase que se repetía en mi mente cada vez que los urgentes encargos de mis clientes frustraban mi vocación. Ni modo; había que ganarse el pan.

Hasta que un día, la presidenta de una fundación se comunicó conmigo ofreciéndome financiar mis proyectos audiovisuales durante los próximos diez años.

Te imaginarás la alegría que corría por mis venas al saber que alguien confiaba en mi trabajo y que estaba dispuesta a erogar una enorme suma de dinero para plasmarlo. Es así, que, durante los siguientes diez u once meses, nos dedicamos a elaborar el proyecto para poder cumplir con los requisitos de esta fundación y, de esta manera, recibir el desembolso y comenzar con el proyecto al año siguiente.

Ya que todo debía hacerse con muchos meses de anticipación, tuve que renunciar a todos mis clientes para los que trabajaba con mi productora audiovisual, puesto que ya tenía todo encaminado. Y cuando estaba a un mes de la fecha de inicio de mis nuevas actividades, la presidenta de esta fundación me comunicó que el financiamiento se cancelaba debido a la "inestabilidad política del país".

Así. Sin anestesia.

De la noche a la mañana me vi sin el proyecto, sin mis clientes y, obviamente, sin trabajo. No sabía qué hacer. No sabía si retomar la productora audiovisual y tratar de volver a tener a mis antiguos clientes o buscar unos nuevos.

Mientras meditaba en el asunto, escuché una voz en mi cabeza: *¿Machito no? ¿Querías más tiempo para poder dedicarte a escribir tus guiones?*

Pues ahora tendría todo el tiempo mundo.

Decidí no volver atrás. Si bien me sentí muy frustrado en primera instancia, sabía que esta situación era un punto de inflexión en mi vida y que era hora de lanzarme a ejercer mi vocación.

Fue todo un cambio. Todo el siguiente año me dediqué a leer y escribir preparando mi nuevo programa, y tuve que vender todos los equipos de mi productora para poder tener con qué mantenerme económicamente.

Durante seis meses di charlas públicas de contenido transformacional las que, a la postre, serían los capítulos de mi nueva producción. No pasaron ni tres meses de concluidas las grabaciones de las charlas, que volví a salir por televisión después de ocho años; y no solo eso, sino que en ese primer año de emisión, salí en quince diferentes canales de televisión de manera simultánea, y en doce radios en toda Bolivia. Nunca antes había pasado eso en la historia de la televisión boliviana.

Salir con un programa independiente de televisión cuando no tienes auspiciadores es muy complicado, así que tuve que pensar en un camino diferente para lograrlo. Fui a las distintas emisoras y les planteé esta situación: de la misma manera en que los medios de comunicación aúnan esfuerzos cuando se trata de coyunturas de "desastres naturales" y difunden masivamente información, orientación y prevención, mi programa de televisión los invitaba a unir fuerzas para difundir masivamente "Entretenimiento Consciente Transformacional", como una prevención ante los cotidianos "desastres emocionales", ante todo tipo de violencia y ante toda clase de miseria humana.

No era un programa religioso, ni de nueva era, ni de psicología o de autoayuda, sino de Consciencia.

Y puesto que muchas empresas comerciales destinan el 10% de sus utilidades en Responsabilidad Social Empresarial como una contribución activa y voluntaria al mejoramiento social, económico y ambiental, propuse a los medios de comunicación a que contribuyan a la sociedad con una "Responsabilidad Social Espiritual" destinando menos del 1% de su programación para crear una "Red de Difusión de Contenido Consciente".

Eso sí, les cedí el 100% de los ingresos por publicidad como parte de mi aporte a esta iniciativa.

Fueron quince los canales de televisión y doce radios que aceptaron esta propuesta. Comprendieron que era necesario difundir este tipo de contenidos de manera regular, para lograr un cambio positivo en la sociedad en torno a la salud física, mental y emocional.

El inesperado cambio que tuve en mi vida cuando recibí la noticia de que esa fundación no podría financiar mis proyectos por causa de "la inestabilidad política del país" fue la causa para que yo decidiera hacer el Gran Cambio en el rumbo de mi destino.

Decidí cambiar mi profesión por mi vocación. Decidí darle fuerza a mis convicciones. Decidí darle otro rumbo a mis pasos sin estar muy seguro de adónde iría, solo sabía que tenía que hacer un profundo cambio en mi vida.

Estuve cuatro años reflexionando más que nunca. Leyendo, buscando, discerniendo, aprendiendo, escribiendo, informándome, analizándome, cuestionándome, replanteándome, corrigiéndome, observándome, entendiéndome, descubriéndome, motivándome, renovándome...

Dejándome llevar.

Parte de ese cambio es este libro que ahora tienes en las manos.

~ ~ ~

La otra historia que quiero contarte es la siguiente:

Un día necesitaba ir al dentista. Me encontraba en la oficina de mi contador y, al contarle sobre mi dolor de muelas, este me recomendó visitar a su hija que era odontóloga.

Fui.

Llegué a su consultorio, me senté en la silla presto a mi curación y, antes de comenzar, la dentista me hizo una advertencia: "Soy sorda. Así que si le molesta algo o le duele algo durante la curación, levante el dedo. Y cuando me hable, hágalo por favor de frente a mí para que yo pueda leerle los labios".

Hecha la aclaración, tuve una sesión odontológica "diferente". Incluso levanté un par de veces el dedo mientras ella exploraba entre mis dientes buscando el problema.

Curada la dentadura, le pagué por el servicio, le agradecí y me fui pensando sobre lo incómodo que seguramente era para ella trabajar con esa carencia auditiva. No le di más importancia.

Sin embargo, años después, volví a encontrármela en otras circunstancias y tuve la dicha de conocerla más a fondo. Además, había recuperado la audición. Me contó su historia.

Siendo ella adulta, tuvo un problema renal. Le administraron una medicina que le salvó la vida, pero que la dejó sorda. Perdió la audición por completo y, por supuesto, fue un gran impacto en su vida. Para sobrepasar la tristeza, decidió contar chistes a la gente. Era la contadora oficial de chistes de todos sus círculos sociales y siempre andaba a la pesca de conseguirse chistes nuevos para ponerlos a prueba.

Más de una vez me puse a pensar en lo que me contó sobre los chistes y me preguntaba a mí mismo *¿cómo será contarle chistes a las personas, que estas rían, que no puedas escucharlas, y que solamente veas sus expresiones?*

Este "aislamiento sonoro" de su entorno había hecho que la única voz que podía escuchar era la de ella misma; la de sus pensamientos. El escucharse únicamente a sí misma fue un potenciador de su vida espiritual.

¿Qué fue lo maravilloso con esta mi amiga? Que después de muchos años de estar con la sordera, se postuló entre centenares de personas a una operación de oídos. Una costosa y moderna operación que sería dada de manera gratuita a solo unas cuantas personas.

La obtuvo.

Luego de la operación, los médicos no sabían explicarse cómo aquellos filamentos que fueran dañados por el medicamento que le provocó la sordera parecían haber sido "reparados por alguien". Ella, en su certeza espiritual, solamente sonreía porque sabía muy bien que el haber sido escogida entre centenares de personas para la operación, y que los filamentos del oído fueran "extrañamente reparados", no era otra cosa que el producto de la ayuda de los silenciosos y benévolos seres de otras esferas que inspiraban su fe.

Poco tiempo después de la operación, y ya de retorno en casa siguiendo el natural proceso de recuperación auditiva, escuchó unos "ruiditos" que venían de la ventana. Se acercó y se dio cuenta de que ese sonido extraño no era otra cosa que las gotas de lluvia.

Volvió a escuchar el sonido de las gotas de la lluvia chocando contra el vidrio de la ventana después de muchos años. En ese momento, se dio cuenta de que nunca antes le había prestado tanta atención a la lluvia, a cómo sonaba.

Esta querida amiga mía tuvo dos fuertes cambios en su vida: el primero fue esa "desgracia" de perder la audición y a la que años después la llamó su "dulce silencio"; y el segundo, cuando la vida le devolvía nuevamente el don de escuchar.

Ella me decía, *por algo me "taparon" los oídos; para poder comprender el mundo sin escucharlo.*

El silencio le había cambiado el sentido de su vida; lo que en apariencia era una gran desgracia fue para ella una gran bendición. Fue un silente soliloquio que duró muchos años y que la llevó no solo a escuchar su voz en la cabeza, sino a escuchar su voz interna.

Es así que nos damos cuenta de que a veces las desgracias del cuerpo son las bendiciones del alma. No sabemos normalmente lo que es éxito o fracaso para los objetivos de aprendizaje del alma.

No esperes a que te ocurra "una desgracia" para generar cambios positivos en tu vida; no hagas que el Universo "te obligue" a tener un cambio "a la fuerza" ante tu inconsciencia. Sé tú mismo ese cambio que quieres ver en ti y en tu alrededor.

A veces, solo cuando observas estos casos extremos, recién te liberas de tus pequeños grandes conflictos; te das cuenta de que te intoxicas mental y emocionalmente por nimiedades; te das cuentas de que has perdido el tiempo por apegos que después los ves como insignificantes ante la majestuosidad de tu paso por esta existencia. En esos momentos, dejas de actuar con el lado izquierdo de tu cerebro, y se activa la parte compasiva, flexible, sensible y generosa, que te proporciona el hemisferio derecho.

"Deja que tu corazón se rompa ante el dolor ajeno…
…a veces es la única forma de que se abra"…

Cuando dejas de vivir en modo automático, en modo 95% subconsciente, cuando dejas de pelearte con tu memorizada forma de ver la vida, cuando dejas de vivir "intoxicado" química, mental y emocionalmente es cuando surge ese cambio. Surge aquella parte tuya de entendimiento y conexión Superior, que no pasa por el proceso "pensante" para comprender el profundo sentido a las cosas, simplemente entiende, simplemente lo siente, simplemente lo sabe.

Tan solo tienes que querer sinceramente hacer ese cambio en ti y estar dispuesto a romper todos tus esquemas. Tanto un hecho inesperado, como un consciente deseo de un cambio en tu vida o así como el amor profundo a tu prójimo puede lograr en ti la inspiración suficiente para lograrlo.

*Viví lo que tenía que vivir,
y aprendí lo que tenía que aprender.*

INSPIRADOR

Las películas son un gran ejemplo para mostrarte, a través de sus historias y personajes, lo especial de la gente "común y corriente". Hacen que conozcas el pensar y sentir de alguien común de tal forma, que aprecias esta vivencia de manera muy especial. Las películas tienen esa magia, de mostrarte y sensibilizarte con la grandeza de la vida por medio de situaciones muy simples, complejamente simples.

Así también, los libros con sus detalladas narraciones te transportan en el tiempo y te convierten en silencioso observador de grandiosas vivencias, y de grandiosas enseñanzas de gente común que vivió algo no común. Son estas personas ordinarias, con sus ejemplos de vida extraordinarios, una gran fuente de inspiración.

La Inspiración es una súbita lucidez a la que te conectas y que hace que obres de manera diferente y maravillosa. Te da audacia, vigor, impulso, voluntad, genio… Es esa conexión con el todo, que hace que veas las cosas con otros ojos, y que hace que obres de manera distinta.

Por momentos podrías pensar que la inspiración es algo propio de los artistas, de los creativos, y que no es aparentemente algo muy común entre la mayoría de las personas, porque se tiene el concepto de que la inspiración genera cosas realmente dignas de admiración, que no cualquiera puede hacer.

Aún así, vemos en el día a día situaciones y gente inspiradora, y que no son precisamente "artistas", salvo que, digamos, "artistas de la vida". Los resultados de las inspiraciones normalmente mueven al mundo; tocan corazones, salvan vidas o cambian vidas, que, a veces, es lo mismo.

Te pregunto: ¿Qué inspiración tiene tu vida?, ¿en qué te inspiras para vivir? o ¿quién ha inspirado tu vida?

Solemos hacer nuestras vidas en función de lo que la mayoría de la gente hace. Estudiamos un oficio y trabajamos para ganarnos el sustento. Aspiramos a realizarnos con lo que hacemos en lo profesional o en lo personal y posiblemente busquemos a quien amar para completar nuestra vida. Formamos una familia, y tratamos de darle lo mejor de nosotros.

¿Pero en qué se diferencia este tipo de vida, vivida y escogida con una mínima cordura y sentido común; con sus "altas y sus bajas", que puede incluir "logros sociales", y que puede además considerarse como una vida (en líneas generales) tranquila, feliz y bien vivida? ¿En qué se diferencia este tipo de vida con una vida "inspirada"? ¿Vives una vida que surge del solo pensar? ¿O es tu vida fruto de una inspiración, de una iluminación?

Tal vez ni siquiera pienses en tu vida como fruto de algo inspirador y menos que pueda inspirar a los demás. Tal vez pienses que la inspiración es algo ajeno a ti, porque te consideras una persona "normal", una persona como la mayoría, con virtudes y defectos; que tiene sus aspiraciones, sus sueños, sus logros, y que vive una vida también relativamente "normal".

¿Sabes qué? La inspiración no es un proceso mental, aunque nuestra mente nos ayude a procesarla. Nada tiene que ver con la inteligencia o los estudios, sino con algo más profundo. Llámalo, corazón, alma, espíritu o consciencia; la inspiración puede llegarle a cualquier persona, en cualquier lugar y en cualquier circunstancia. El detalle es hacer de esta inspiración tu vida misma.

Te contaré un par de historias de gente "común" que son realmente inspiradoras y que pone al descubierto cuán ocupados vivimos preocupándonos por "nimiedades". Te contaré estas historias para que veas cuán distraídos vivimos. Son historias muy conocidas y grandemente difundidas por la Internet y las redes sociales. Tal vez ya hayas oído de estas historias y, de ser así, te vendrá bien recordarlas en este momento.

Aquí vamos:

Una inspiradora historia que quedó en el anonimato por muchos años es la de la polaca Irena Sendler; incluso se hizo una película sobre ella: *Los Niños de Irena Sendler* (*The Courageous Heart of Irena Sendler*, 2009, John Kent Harrison).

La enfermera y trabajadora social polaca Irena Sendler fue conocida como "El Ángel del Gueto de Varsovia", porque salvó a más de dos mil quinientos niños durante la Segunda Guerra Mundial.

Ante las miles de muertes por diversas razones en el gueto, Irena optó por los más indefensos; decidió salvar a los niños a cualquier precio. Irena tenía que convencer a los padres para que le permitieran hacerlos escapar. O lo hacían o sus hijos corrían el riesgo de morir, pero tampoco podía prometerles nada.

Imagina el dolor de aquellos angustiados padres ante la incertidumbre de la vida de sus niños y que tendrían que confiar en aquella desconocida mujer que les ofrecía salvar la vida de sus hijos. Imagina a aquellas madres, a aquellas abuelas o imagina a aquellos niños de dos a cuatro años llorando desesperadamente en las despedidas.

Muchas familias se negaron a separarse de sus hijos; y lo único que lograron con eso fue condenarlos al cruel destino que ellos mismos tuvieron: morir por enfermedad, por inanición, por palizas o por ejecuciones, ya que a veces familias enteras eran llevadas al tren que las conduciría a los campos de exterminio.

La misión de Irena no era nada fácil, pero logró evacuar a las niñas y niños de todas las formas posibles: dentro de ataúdes, en cargamentos de ladrillos, en cajas de herramientas, entre restos de basura, en sacos de arroz o como enfermos de males muy contagiosos. Todo era válido para sacar a los niños de ese infierno y llevarlos a lugares donde estuvieran a salvo.

Pero un día la descubrieron.

La Gestapo la apresó. La torturaron salvajemente. Le rompieron los pies y las piernas en el intento de hacerla confesar, pero no lograron que les revelase el paradero de los niños que había escondido ni la identidad de sus colaboradores. Fue sentenciada a muerte.

Mientras esperaba su ejecución, un soldado alemán se la llevó para un "interrogatorio especial"; y, al salir del recinto, el soldado le gritó en polaco: "¡*Corre!*"

Su nombre apareció en la lista de los polacos ejecutados, gracias a que miembros de la organización Zegota habían logrado sobornar a los alemanes que la custodiaban. Irena, con una identidad falsa, pudo continuar salvando niños desde la clandestinidad.

Esta modesta y maravillosa mujer decía:

"*Para salvarlos, había que, sobre todo, desearlo. Y, luego, no había que tener miedo*".

Claro que Irena tuvo miedo; solo que no le quedaba otra que dominarlo. *Es una cuestión de voluntad*, como ella misma lo afirmaba.

Pese a su dura, maravillosa e inspiradora labor, esta bondadosa mujer no quedaría satisfecha hasta el último de sus días, cuando un 12 de mayo del año 2008, a sus 98 años, volviera al séquito de ángeles de donde vino.

"*Todo el tiempo tuve la sensación de no haber hecho lo suficiente. Podría haber hecho más. Este pesar me perseguirá hasta la muerte*".

...Y tú frustrándose amargamente porque no pudiste comprar ese coche nuevo o porque no pudiste viajar en tus vacaciones.

Si tienes alguna decepción, tristeza o tienes alguna preocupación, tan solo piensa en lo que vivió Irena, y agradece por la vida y las oportunidades que has tenido. Y agradece más aún si es que todavía tienes a la mayoría de tus seres queridos contigo.

~ ~ ~

¿SABES LO QUE CREES?

O tal vez sepas del caso de Edith Eva Eger. Esta talentosa bailarina húngara de dieciséis años que quería representar a su país en las olimpiadas fue apresada junto a su familia un día de 1944. Los pusieron en un vagón de ferrocarril donde se cargaba el ganado y los trasladaron a la ciudad de Auschwitz.

Mientras eran transportados al campo de concentración, su madre le dijo: "No sabemos a dónde vamos. No sabemos qué nos va a pasar. Solo recuerda que nadie puede quitarte lo que llevas aquí, en la mente".

Sus padres fueron ejecutados en la cámara de gas. Lo último que vio de ellos fue el humo que salía de la chimenea del crematorio para los prisioneros.

Una noche, la joven húngara tuvo que bailar para el temido oficial de la SS, Joseph Mengele, y quien fuera, además, el que mandara a asesinar a sus padres. Pese a estar muy asustada, cerró los ojos e imaginó que la música era de Tchaikovski, y que estaba bailando *Romeo y Julieta* en la Ópera de Budapest.

A partir de ese momento, decidió no dejarse vencer porque recordaba las palabras que le dijera su madre. Todos los días le repetían que ella no saldría de allí con vida, que solamente saldría de allí como un cadáver. Y ella respondía mentalmente: "¿Ah sí? Eso está por verse".

¿Cuál era la motivación de Edith? Decirse a sí misma *si sobrevivo hoy, mañana seré libre*.

Sobrevivió.

La rescataron de una pila de cadáveres. Había sido arrojada allí porque pensaron que estaba muerta debido a su desnutrición. Cuando ya creía que toda esperanza de vida se acababa para ella, llegó el ejército norteamericano para liberar a los miles de judíos que habían permanecido durante varios meses en el campo de concentración.

Edith estaba entre los cuerpos de los sacrificados y, al darse cuenta de la presencia de los soldados americanos, comenzó a mover la mano. Se percataron de que se trataba de una sobreviviente más y la llevaron a un hospital donde se recuperó.

"Auschwitz me dio un regalo que es tremendo en algunas formas: el poder guiar a la gente para que se adapten y perseveren".

Muchos años después, esta valiente sobreviviente de la guerra se convirtió en terapeuta familiar y comenzó a compartir su experiencia dando conferencias motivacionales en escuelas y en universidades.

"El amor propio es cuidar de sí; el mayor campo de concentración está en nuestra mente".

~ ~ ~

Fueron muchas las personas aparentemente "común y corrientes" durante el holocausto que hicieron grandes e inspiradoras obras. Gente que fue muy conocida con el pasar de los años, así como gente anónima que dio su vida misma. Gente enferma, gente sufrida, gente valiente, gente inspiradora.

Muchas tuvieron esa inspiración, esa iluminación que hace diferentes sus vidas y las de los que ellos tocan. Oskar Schindler, Ana Frank, Arturo Castellanos, Elisabeth Eidenbenz... En fin, muchísima gente.

Miles de científicos que dedicaron y hasta ofrendaron su vida por aportar a la humanidad con sus descubrimientos; miles de artistas sensibilizándonos con sus obras; miles de enfermeras, miles de doctores. Miles de bienhechores aportando con su tiempo, su dinero, su conocimiento; pero, sobre todo, con el corazón.

Teresa de Calcuta trabajó en el convento de Loreto durante veinte años como profesora. Sin embargo, su vocación de servicio le pedía estar en las calles socorriendo a los necesitados. Como su cargo no se lo permitía, pidió permiso al mismo Vaticano para abandonar el convento e iniciar una nueva congregación para dedicarse de lleno a los más necesitados.

"Las Misioneras de la Caridad" empezó con trece personas en Calcuta; y, al momento del fallecimiento de la madre Teresa, la orden operaba más de seiscientas misiones en más de un centenar de países.

"Soy un lápiz en las manos de Dios,
pero es Él quien escribe".

En el caso de Ghandi, antes de que se convirtiera en *El Padre de la Nación*, era un abogado, una persona común que buscaba ganarse la vida con su profesión. Solía viajar en primera clase, hasta que un hombre de raza blanca elevó una queja al ver a un hombre "de color" que estaba en este compartimento del tren. Lo "invitaron" a trasladarse a los vagones de tercera clase; y, ante la negativa de Ghandi, fue sacado a empellones del tren y su equipaje arrojado sobre el andén. El resto es historia.

Este inspirador hombre "común" movilizó a más de trescientos millones de hindús haciendo uso de la no-violencia en pro de los derechos humanos. Dedicó su vida entera al prójimo; por eso lo llamaron Mahatma: Gran Espíritu.

Gente del común, gente del montón, gente ordinaria sencillamente extraordinaria.

En la película de dibujos animados *Ratatouille*, el famoso y talentoso cocinero de esta historia decía que "cualquiera" podía cocinar, por lo que hacia el final de la historia, el Sr. Ego, el crítico gastronómico, decía: "Recién ahora comprendo sus palabras. No cualquiera puede convertirse en un gran artista, pero un gran artista sí puede provenir de cualquier lugar".

Y eso pasa con las personas inspiradoras con las que nos topamos en el camino; están en cualquier lugar; trátese de un Dalai Lama o del hijo de un carpintero.

Si bien nos educan para estar preparados para enfrentar la vida, lo inspirador también reside en enfrentar la vida sin estar preparados.

Nos la pasamos buscando afuera aquello que tenemos dentro y no lo dejamos surgir. Pensamos que necesitamos lograr cosas para poder sentirnos completos; hacemos grandes esfuerzos intentando darle un estándar de vida a nuestras vidas y en ese trajín nos distraemos, nos confundimos, nos dispersamos y nos perdemos.

Sé tú, y harás grandes cosas; en vez de hacer grandes cosas para tratar de ser tú.

La inspiración, la iluminación, la claridad surgen del momento en que te conectas con lo más profundo de tu ser. Cuando tu mente se aquieta, cuando dejas de juzgar a las personas y a ti mismo. No necesitas meditar horas, basta un instante, y te darás cuenta de que tu vida empieza a transformarse porque es la inspiración la que te enseña a amar.

> *Es capaz de mover todo tu ser, por encima de las costumbres de tu cultura, por encima de la cordura.*
>
> *La inspiración te lleva a un estado de consciencia que te enseña a dar la vida o a dar toda tu vida por algo o por alguien.*
>
> *Te enseña, que todos somos personas aprendiendo a vivir, que todos vivimos experiencias similares, que todos somos compañeros de éxodo, que todos necesitamos ayuda, consuelo, aliento y alegría.*

¿SABES LO QUE CREES?

Un profesor te enseña a leer, sumar, multiplicar, restar y dividir, pero la inspiración te enseña la importancia de leer la vida y de hojear los corazones de las personas.

Te enseña también a sumar; pero a sumar esfuerzos por los demás; a multiplicar la alegría de los demás.

Te enseña la necesidad de restar las penas; y te enseña a nunca dividir a las personas.

Por supuesto, te enseña a dibujar sonrisas en los rostros.

Puedes aprender a usar las herramientas para la vida, pero la inspiración te enseña el amor para utilizarlas.

Te enseña a que la vida no te da reveses, sino ejemplos de aprendizaje.

Te enseña a que en la labor de enseñar y aprender no hay horas extras, sino horas bien aprovechadas.

No te da tareas para la casa, te da herramientas para la vida; tampoco te pone pruebas, sino que te muestra cuánto puedes.

La inspiración no mide cuánto has aprendido, sino qué has aprendido, cómo lo has hecho y qué es lo que puedes compartir de ello con los demás.

No busca que tengas respuestas acertadas, sino que entiendas lo que estas significan.

La inspiración no te corrige, te guía, y eres tú quien hace la corrección.

No te enseña disciplina, te da razones para motivarte, y para entrar en consciencia del orden y del caos.

No reprueba tus errores, tan solo te guía a qué prestarle una especial atención, y porqué.

Tampoco se vanagloria con tus aciertos, sino que te alienta a continuar creciendo.

No califica tus acciones, sino que te alienta al discernimiento para tu propia evaluación.

La inspiración te motiva a compartir lo que has aprendido, porque te muestra que enseñar es más valioso que aprender.

Te enseña que no importa cuánto consigas, sino lo que brindas de corazón.

Te enseña que hay un gran propósito detrás de cualquier dolor.

Te enseña que el mensaje es más importante que el mensajero y que las acciones son más importantes que las intenciones.

La inspiración te hace comprender que la belleza no es una cosa, sino una forma de ver las cosas.

Te enseña a no vivir en el mundo, o del mundo, sino por y para todo el mundo.

Cuanta más consciencia de la consciencia tengas, más arrebatos de inspiración y claridad tendrás. No es un proceso mental; es más bien un proceso de amor, de ese amor que obra los "milagros" en nuestras vidas.

Hay momentos en que no le hallamos sentido a la vida; pensamos que no tenemos valía alguna o nos aferramos a la idea de que las cosas no fueron como se supone que debieron ir. Pensamos que fuimos víctimas de las circunstancias, en vez de ver el aprendizaje que las circunstancias nos trajeron.

Nos negamos. No nos gusta el cambio, no queremos cambios, solo queremos alivio.

Dile eso a Irena Sendler, a quien le rompieron las piernas para hacerle confesar. Dile eso a Immaculée Ilibagiza, que, para proteger su vida, se escondió por tres meses junto a otras siete mujeres en un baño de un poco más de un metro cuadrado. Dile eso a Lutero, que se enfrentó a la Iglesia por pensar diferente.

Todas estas grandes personas se consideraban comunes y corrientes; con sus virtudes y defectos, con sus miedos o con sus contradicciones.

Nada pasa por accidente.

Muchos de nuestros momentos difíciles, de depresión, de soledad, de vacío no son otra cosa que un reflejo de nuestro egoísmo; de pensar solo en nosotros y de frustrarnos por no obtener lo que queremos.

En el libro *Arpas Eternas* de Josefa Rosalía Luque, se menciona:

"Egoísmo es en ti el buscar siempre apoyo, fortaleza y consuelo en otros, cuando ha llegado la hora de que seas tú el vaso de

agua fresca para los sedientos y la sombra protectora para los que abrasa el fuego enloquecedor de las pasiones humanas".

A veces confundimos satisfacción con zona de confort. Cuando se trata del ego, siempre estás estresado, siempre estás ansioso, incómodo, con miedo, insatisfecho; queriendo algo externo para cubrir algún vacío interno, y solo cumpliendo un rol normado por paradigmas sociales.

Cuando obras desde el alma, desde el corazón, desde la inspiración, no existen "obstáculos en el camino". Los obstáculos ye se encontraban en ese camino antes de que tú lo transitaras; solo caminas superando los que encuentres.

Sí. Así de sencillo; como en un videojuego.

Solamente quiero darte algo en qué pensar cuando te doy ejemplos como los de Irena Sendler o Ghandi u otras personas no tan conocidas. Solo quiero recordarte que eres una persona muy afortunada, aunque creas lo contrario; y que dar lo mejor de ti a las personas, a los animales y al planeta mismo es maravilloso.

Rabindranath Tagore decía:

*"Dormía y soñaba que la vida era **alegría**, desperté y vi que la vida era servicio, serví y vi que el servicio era **alegría**".*

Cuando un niño va a participar de una obra de teatro en el colegio y va a actuar de arbolito, sus padres hacen lo imposible para ver feliz a su pequeño retoño. Consiguen lo que sea y como sea para que el traje de árbol sea perfecto. Están pendientes de ello, se trasnochan elaborándolo. Nada va a impedir que su bebé sea el gran árbol de la historia. Y cuando lo ven entrar en escena, las sonrisas, las lágrimas y la emoción son su mayor recompensa.

Lo mismo pasa con la inspiración. Te enseña a darlo todo.

Los Maestros no solo están en los salones de clase o en los templos. Están en todas partes, en cuerpos de niños, en cuerpos de ancianos; en la persona dura, en la persona amable, en el rencoroso y en el amoroso. Todos tienen algo que enseñar a aquel que quiere aprender.

La inspiración está en todo lugar. Está en la naturaleza que muestra su perfección; en los animales que nos enseñan su conexión de manera natural con el Todo; en los perros que nos enseñan tanto sobre el amor, que nos lo enseñan con el movimiento de su cola, con sus saltos, con su mirada pura y llena de inocencia.

Cuando te hallas en una crisis existencial o emocional o cuando sientes que has perdido el rumbo es común que busques a alguien que te guíe, a alguien cuya sabiduría te oriente y te muestre el camino. Buscas a un consejero, a un maestro espiritual; buscas a alguien que consideras que está más arriba de ti, con mayor entendimiento y experiencia; alguien a quien consideras "extraordinario".

Sin embargo, no le das importancia a la gente que consideras "ordinaria"; a la que no ha leído, a la que no se ha instruido; y son estas personas las que normalmente te dan las más grandes lecciones de vida. Te muestran aquello que no quieres ver, aquello que no quieres escuchar, pero que en realidad es aquello que necesitas aprender.

¿Qué inspiración tiene tu vida? Tus hijos tal vez; o tus seres queridos probablemente.

¿Hay algo más, quizá, que te inspire para vivir?

*La mejor preparación para tu muerte,
es haciendo una vida de servicio.*

CONSCIENCIA DE MORIR

¿Qué pensarías si te enteras de repente que te quedan un par de días de vida y te enteras, además de ello, cuando estabas a punto de casarte, o justo cuando acababas de adquirir tu casa propia después de muchos años de esfuerzo, o cuando estabas a punto de cumplir el sueño de tu vida? ¿Puedes imaginarlo y ponerte en la situación? ¿Qué piensas de este inesperado "no va más, es hora de morir"?

Tal vez te digas *no estoy preparado para morir*.

¿Preparado para qué exactamente? Si no sabes de qué se trata, ¿cómo saber la forma de prepararte?

Reaccionamos de esa manera porque tenemos muchos paradigmas sobre la muerte; tenemos un miedo inculcado por nuestra cultura. Relacionamos la muerte con tristeza, con tragedia y hasta con lo tenebroso. Así que es muy común que mucha gente prefiera no hablar de este tema.

Tenía un amigo que era un fervoroso creyente de Jesús y, sin embargo, tenía la creencia de que con la muerte se acababa todo; que no había nada después de ello; que era como si te "apagaran"; no sientes, no oyes, no ves, no piensas, no eres consciente, no hay nada; tu cuerpo se desintegra y tu consciencia desaparece. Me parecía muy curioso que, pese a creer en la resurrección de Jesús, pensara que no existía un "más allá".

Yo le preguntaba: "Si después no queda nada ¿qué sentido tendría la vida? ¿Qué sentido tendría esforzarse, ser honesto, hacer las cosas bien, buscar la justicia o la equidad? ¿Para qué tanto afán si de igual manera no habría nada después de la muerte? ¿Qué sentido tendría la muerte de un bebé o, peor aún, que nazca ya muerto?". Sencillamente no me cuadraba la postura de este amigo mío.

La gente suele buscarle un sentido a su vida, pero no suele buscarle un sentido a su muerte. Si nos preguntamos ¿qué sentido tiene vivir?, también tendríamos que preguntarnos ¿qué sentido tiene morir? ¿De qué se trata morir, cuál es la gracia de este asuntito?

Si entendemos de qué se trata morir, pues entenderemos de qué se trata vivir. Cuando comprendamos por dónde va la muerte, comprenderemos por dónde va la vida. Y cuando le pierdas el miedo a morir, también le perderás el miedo a vivir.

De las tantas personas que pueden cambiar no solo tu forma de vivir, sino también tu forma de morir, voy a mencionar tan solo a una. No voy a abordar este tema desde un punto de vista religioso ni filosófico ni espiritual. Si bien la muerte tiene que ver con el mundo espiritual, el enfoque que daré en este capítulo nada tiene que ver con una creencia esotérica.

Son muchos los autores, médicos o psiquiatras, por citar algunos ejemplos, que a través de sus estudios, y de los testimonios de miles de sus pacientes, han revelado una valiosa información que va más allá de un tema religioso.

Una de estas personas es la psiquiatra suiza Elisabeth Kübler-Ross.

La veintiocho veces *Honoris Causa* Elisabeth Kübler-Ross (1926-2004), fue la mayor experta mundial en el tema de personas moribundas y cuidados paliativos. Era conocida como "la doctora de la muerte", porque el hospital en el que trabajaba estaba encargada de la sección de los moribundos. Su vocación de servicio la llevó a preocuparse por estas personas que no sabían cómo abordar su muerte. Además, le consternaba que los moribundos no fueran tratados con amor, con dignidad, con consideración, delicadeza y con solidaridad. Muchos eran olvidados por sus familias; otros carecían de una; o a veces simplemente la familia no sabía manejar el momento; tampoco los mismos médicos.

Esta situación la llevó a entrevistar a los moribundos que atendía, porque quería saber lo que pensaban. Quería facilitarles las cosas; quería que todo fuera mejor para ellos, para sus familias e incluso para los médicos y enfermeras. Surgió entonces su famoso libro *Sobre la Muerte y los Moribundos*. Fue tan grande el aporte en el tema de cuidados paliativos, que en los años posteriores miles de trabajadores en los hospitales fueron capacitados con este libro.

Sin embargo...

La vida de Elisabeth tuvo un giro extraordinario cuando entrevistó a una persona que "despertó" después de estar clínicamente muerta por cuarenta y cinco minutos. El detalle fue que esta paciente le relató lo sucedido mientras los médicos hacían todo lo posible por salvarle la vida. Ella se había desprendido de su cuerpo y observaba todo desde arriba. Escuchaba lo que decían, y hasta percibía lo que estaban pensando. No sentía dolor alguno ni miedo por estar fuera de su cuerpo. Solamente tenía curiosidad por lo que le estaba pasando y le llamaba la atención que no la escucharan.

Esta extraordinaria vivencia llamó tanto la atención de Elisabeth, que decidió entrevistar a personas que habían tenido una experiencia similar. Fueron más de veinte mil casos de personas entre los dos y los noventa y nueve años; de culturas tan diversas como la esquimal, la de los indios norteamericanos, la protestante, la musulmana e incluso ateos. En todos los casos, las experiencias referidas eran tan similares, que los relatos tenían que ser ciertos.

Hubo ciegos de nacimiento que durante su temporal muerte pudieron ver el quirófano y todos los detalles durante su operación, así que no era un tema de los efectos de la anestesia o de la imaginación del moribundo. Gente de diversas edades, culturas y creencias describían con lujo de detalles lo ocurrido mientras sus cuerpos estaban muertos clínicamente.

Elisabeth Kübler-Ross se limitó a hacer un trabajo científico de investigación dejando de lado la religión o las creencias de las personas. Simplemente documentó los detalles de las experiencias de estas personas que estuvieron clínicamente muertas, y se convirtió en la pionera en el campo de la investigación de manera científica de las experiencias cercanas a la muerte.

No solo se convirtió en una pionera, sino que, a partir de ese momento, dedicó su vida entera a compartir sus experiencias y a difundir que la muerte no existe, que es tan solo una transición a otra forma de existencia; que la muerte del cuerpo no es el final de la vida.

Si bien se sabe sobre este tipo de vivencias desde hace siglos (en *La República* de Platón, ya se podía ver que se tomaba en serio el tema de la vida después de la muerte), recién en las últimas décadas es que se las ha estudiado de manera "objetiva y científica", y por encima de las creencias religiosas.

Son muchos los profesionales que han hecho un trabajo similar al de Elisabeth Kübler-Ross con respecto a entrevistar en todo el mundo a miles de personas, que tuvieron una experiencia cercana a la muerte. Más de uno comentó que nunca se había sentido más vivo que el momento en que su médico lo había declarado muerto.

Más del 95% de todos estos investigadores mencionan etapas bien definidas por las que atravesaron las personas al momento de morir clínicamente:

1. Tu alma abandona el cuerpo y te das cuenta automáticamente de que te has desprendido de tu cuerpo del plano físico.

2. Inmediatamente, tienes la capacidad para ver todo lo que ocurre en el lugar de la muerte (en el quirófano, la habitación del enfermo, en el lugar del accidente o allí donde sea que esté el cuerpo). También te das cuenta de que nadie muere solo; generalmente eres esperado por una persona que amas (que murió antes) o por un "ángel de la guarda", un guía, un maestro o como quieras llamarlo. Hay autores que afirman que inclusive te reciben las almas de tus seres queridos que aún están vivos.

3. Después, y dependiendo de tu cultura, atraviesas un túnel, un pórtico, un puente o una pradera y, al final de este pasaje, hay una Luz muy brillante que está esperando por ti.

Todos estos autores comentan en sus investigaciones que, cuando llegas a esta Luz, es un momento maravilloso e indescriptible. Esta Luz tiene Consciencia; o tal vez sea más bien una Consciencia que adquiere la forma de una Luz. En todo caso, es un Ser lleno de amor, con una personalidad maravillosa; muy sabio, muy amable, incluso con un gran sentido del humor, y que además te conoce a la perfección. Esta amorosa Luz te acepta por completo y sin juzgarte.

La gente también comenta que este Ser luminoso y amoroso te muestra en una "pantalla" (como en una película) la vida que acabas de vivir. De esta manera, experimentas un repaso de tu vida. Revisas todos los sucesos de tu vida que tienen una carga emocional positiva o negativa. Ves a todas las personas a quienes has tratado mal, a todas a las que has ayudado y a todas a quienes has amado.

Poder repasar tu vida es una oportunidad de reflexión y de tomar consciencia de todas tus acciones. No es un juicio final; es solo ver lo que hiciste y el impacto de tus actos. En este repaso de tu vida, ves y sientes cómo has afectado a las personas con las que te relacionaste y, además, puedes sentir el dolor o la alegría que les causaste.

No "hay errores", no hay "desgracias", no hay "equivocaciones"; todo tuvo una razón de ser a favor de tu proceso evolutivo y de acuerdo con tu estado de consciencia.

Verás acontecimientos que posiblemente hayas olvidado por carecer estos de "importancia", pero que fueron pequeños actos que hiciste de corazón: ayudar a alguien, acariciar a un niño o cuidar a un animal; es decir, aquello que hiciste sin premeditación, sin pensar, y que simplemente te salió del fondo del corazón. Tus "grandes logros", aquellos que consideras de gran valor, no serán necesariamente los que veas en ese momento.

Ese Ser (o esa Luz) suele preguntarte qué hiciste con tu vida; si hiciste algo que sea merecedor de que se lo enseñes, y si aprendiste a amar a tus semejantes de la misma manera en que este Ser te acepta y ama.

Inclusive personas que intentaron suicidarse dijeron, al volver, que el suicidio no tenía sentido alguno porque sencillamente no funcionaba. Se daban cuenta de que tan solo su cuerpo había muerto, pero que el malestar que los había llevado al suicidio seguía presente; lo seguían pensando y lo seguían sintiendo, con la diferencia de que no tenían la posibilidad de "solucionarlo" de la manera adecuada, porque ya no estaban en el escenario terrestre. El suicidio no cambiaba su perspectiva de vida y por eso continuaban con sus conflictos después de muertos. Es como el ejemplo que doy en la página 129, donde menciono que, si no eres feliz, un viaje no te traerá el cambio total que deseas, porque después de un tiempo volverás a los mismos niveles de satisfacción que siempre tuviste según tu forma de ser.

Si intentas suicidarte por depresión, "amor" o "celos", no encontrarías la "paz" que buscabas, porque tu "consciencia" sigue viva; seguirás con esos desagradables celos, pero con la diferencia de que ahora no tendrás tu cuerpo para intentar a hacer algo al respecto. Verás a tu ex "desde el palco", sin la oportunidad de poder sanar esa relación. Si se te pasó por la cabeza el suicidio porque no le encuentras sentido a tu vida, pues seguirás pensando lo mismo después de tu muerte, solo que sin tu cuerpo físico, porque el problema radica en tu forma de pensar. Muere el cuerpo físico, pero no la "intangible mente gestora y portadora" de tus pensamientos.

Sin contar además el dolor que les dejas a tus seres queridos. Así que mejor si tratamos de comprender y superar conscientemente aquello que nos aqueja mientras estemos en vida en este plano físico, puesto que de eso se trata nuestra existencia.

Las personas que tuvieron una experiencia cercana a la muerte aprendieron que lo único que es verdaderamente importante en la vida material es la forma en la que tratamos a los demás. Las circunstancias de nuestra vida, buenas o no tan buenas, solo tienen como objeto la comprensión y la aceptación del prójimo, y con mayor razón, de nosotros mismos.

Estas personas que despertaron de una muerte clínica te recomiendan hablarles a los moribundos aunque estén ya en un coma profundo; igual te escuchan. En ningún caso es tarde para expresar un *lo siento*, un *te amo*. Nunca es demasiado tarde para pronunciar estas palabras, aunque sea después de la muerte, ya que las personas fallecidas siguen escuchándote porque simplemente siguen "vivas".

En ese mismo momento puedes arreglar con esa persona los "asuntos pendientes" de toda una vida. Aprovecha de liberarte de toda culpa, aunque pienses que ya no te escucha.

¿SABES LO QUE CREES?

Años atrás, recibí la llamada de un tío pidiéndome que viajara a la ciudad de Oruro para "ayudar" a que mi abuela se fuera. Eran varios días que no podía recuperar la consciencia y los médicos no auguraban mejora alguna.

Viajé ese mismo día.

Fue muy duro para mí ver a mi amada abuela postrada inconsciente en su cama. Había perdido mucho peso; eran unos cuantos días desde que había dejado de comer, y tenía los ojos cerrados como si estuviera durmiendo inquietamente. Obviamente me vinieron muchos recuerdos a la memoria y me vi tentado a llorar amargamente; sin embargo, recordé a qué había ido a la casa de mi abuela, así que me dediqué a "conversar" explicándole qué era lo que estaba sucediéndole: *Seguramente la tienes más clara que yo en estos momentos, pero si no fuera así, permíteme hablarte de lo poco que sé sobre el gran paso que estás a punto de dar.*

Me la pasé más de tres horas "explicándole". Le hablé como si se tratara de un viaje a otro país; que se sintiera tranquila de dejar su cuerpo, y que se sintiera feliz de volver a ver a su hijo (mi papá), a sus hermanas, a sus padres y a sus "ex". Le dije que vendrían seres amorosos (si es que no lo habían hecho aún) a recogerla y a guiarla en esta transición. Que marchara tranquila, que la cosa no acababa ahí, que empezaba una nueva vida en otra residencia, y que más bien me preparara una buena bienvenida para cuando me tocara partir.

Oré por su alma, se la encomendé a todos "mis contactos" espirituales, y me quedé junto a ella como hasta las tres de la mañana. Me fui a descansar y, al día siguiente, ya presto a retornar a mi ciudad, me armé de valor, y entré en la habitación para despedirme de su cuerpo. *¿Lista ya para partir? Recuerda todo lo que hablamos anoche.*

La contemplé unos momentos, pero una voz me decía que no tenía que dirigirme a ella mirando a su cuerpo. Sonreí.

—*Tienes razón* —le dije—, *pero no sé a dónde mirar mientras te hablo.*

Me acerqué y le di un beso en su aún tibia frente.

—*Hasta pronto, mi abue querida.*

No pude evitar que se me estrujara el corazón. Salí de la habitación sin mirar atrás. Me despedí de mis tíos y volví pasado el mediodía a la ciudad de La Paz. Mientras estaba camino a la terminal de buses recordando la "triste despedida", sentía que ella me acompañaba como diciéndome *¿por qué te pones así? Tanto que charlamos anoche sobre esto.*

Llegué a casa a la mitad de la tarde y, a los pocos minutos de mi arribo, me llamó mi tío para avisarme que *la mami ya partió*, y me agradecía por haberla ayudado a que lo hiciera.

En su libro *La Rueda de la Vida*, Elisabeth Kübler-Ross dice:

> *"Mis pacientes moribundos me enseñaron mucho más de lo que es morirse. Me dieron lecciones sobre lo que podrían haber hecho, lo que deberían haber hecho y lo que no hicieron hasta cuando fue demasiado tarde, hasta que estaban demasiado enfermos o débiles, hasta que ya eran viudos o viudas. Contemplaban su vida pasada y me enseñaban las cosas que tenían verdadero sentido, no sobre cómo morir, sino sobre cómo vivir".*

~ ~ ~

¿SABES LO QUE CREES?

*Sé tú, y harás grandes cosas;
en vez de hacer grandes cosas
para tratar de ser tú.*

EPÍLOGO

¿Recuerdas que te pedí que escribieras una pequeña lista de las cosas que te harían feliz, y de aquello que te desagradaba, entristecía, atemorizaba o dolía? En ambos casos te pedí que escribieras el porqué y que luego te olvidaras de esta lista hasta que terminaras de leer el último capítulo.

Pues bien. Has llegado al final de esta charla. Ya es hora de que leas lo que escribiste tiempo atrás y veas si es necesario replantearte aquello que pensabas en ese momento.

Espero que a lo largo de todas estas páginas hayas podido apreciar que, para intentar entendernos a nosotros mismos, existen muchos ángulos desde dónde observar nuestras vidas, nuestros pensamientos y nuestras acciones.

Se necesita una mente abierta. Hay muchos paradigmas por superar, muchas estructuras por romper, mucho sobre qué reflexionar. Es algo de todos los días. No se trata de querer hacer un cambio en nuestras vidas como si se tratara de una especie de dieta mental o dieta emocional ante una crisis. No se trata de poner en práctica una determinada conducta para tratar de ser mejores personas, sino de vivir un cambio de creencias y experimentar la vida desde otra perspectiva.

Espero que esta lectura haya podido ayudarte a entender que no vives sucesos por azar y que tu vida no es una cuestión suerte, sino de consciencia. Que así como eres, así vives. Que estás creando tu verdad en cada minuto. Que tu verdad es la forma en la que ves las cosas y, por ello, en cómo la experimentas.

Espero que ahora puedas considerar que tu destino no es una condena y que por eso has sufrido lo que has sufrido; sino que es la experiencia de un estado de consciencia y, que estés donde estés, y estés como estés, estás viviendo un aprendizaje que no tiene que ser sufrido, sino comprendido, rectificado o continuado.

Espero que ahora puedas considerar que no podemos juzgar a nadie, ni a nosotros mismos. Que todos estamos aprendiendo a vivir, que todos hemos sido víctimas de nuestra inconsciente inconsciencia y de nuestra programación.

Espero que ahora puedas considerar cuestionar todo de manera edificante, incluido este libro. Solo hemos visto la punta del iceberg y hemos vivido durante milenios siguiendo al pie de la letra las reglas culturales de falsas verdades; por miedo, por ignorancia.

Queda mucho por re-plantearse, re-formularse, re-descubrirse, re-entenderse, re-capacitarse, re-amarse…

En fin, renovarse.

Recuerda que, cuando estás juzgando a los demás, no los estás definiendo, sino que te estás definiendo a ti mismo de manera inconsciente. Todos cometemos "errores" porque creemos que estamos haciendo lo "correcto" de acuerdo con nuestra forma de ver la vida.

Recuerda que, a veces, no eres tú.

Recuerda cómo funciona tu mecanismo de pensar.

Recuerda que experimentas lo que eres.

Recuerda por qué pasan las cosas.

Recuerda el origen de tus creencias.

Recuerda dejar ir.

Recuerda agradecer.

Recuerda los amores perros.

Recuerda cambiar.

Recuerda inspirar.

Recuerda vivir en servicio, porque no eres lo que tienes, sino que eres lo que das.

Sé amable con todos.

Uno cree en lo que sabe, pero ¿sabes realmente lo que sabes? En el capítulo "No eres tú", te mencionaba que uno comete "errores" porque no sabe lo que está haciendo y, además, porque no sabe que no lo sabe.

Pues lo que pasa en realidad es que no recuerdas quién eres realmente; el medioambiente contaminó tu mente e hizo que cayeras en la enfermedad del olvido.

En la medida que entres en la consciencia de la consciencia de ti mismo, recordarás el divino conocimiento que es parte de tu Ser; y es en ese preciso momento en el que pasarás de aquel inconsciente *no eras tú,* al consciente *Yo Soy.*

Que tengas una vida llena de bendiciones, y que la Luz sea en tu mente, en tu alma, y en tu espíritu.

Gracias por tu tiempo.

Nos vemos en el próximo libro.

Que estés bien.

REFERENCIAS

Libros

Alexander Eben, 2012. La Prueba del Cielo: el viaje de un neurocirujano a la Vida después de la Muerte (*Proof of heaven: a neurosurgeon's journey into the afterlife*). Simon & Schuster.

Dossey Larry, 1993. Palabras que curan (*Healing words: the power of prayer and the practice of medicine*). San Francisco, California, Harper San Francisco.

Emoto Masaru, 1999. Mensajes del agua (*Messages from water*). Tokyo. Hado.

Hay Louise, 1984. Usted Puede Sanar Su Vida, (*You can heal your life*) Hay House Inc.

Luque Álvarez Josefa Rosalía, 1949. Arpas Eternas. Fraternidad Cristiana Universal.

Platón, 2003. Diálogos. Obra completa en 9 volúmenes. Volumen IV: República. Madrid. Editorial Gredos.

Kübler-Ross Elisabeth, 1993. Sobre la muerte y los moribundos (*On death & dying*). Grijalbo.

Kübler-Ross Elisabeth, 2006. La rueda de la vida (*The wheel of life*). Vergara

Schramm (de) Canonico Franca Rosa, 2002. El Ser Uno I, Los Arcanos de Thot.

Películas

Chico Xavier, (2010) Daniel Filho. Globo Filmes Estação da Luz Filmes.

Harry Potter y las Reliquias de la Muerte - Parte 2 (*Harry Potter and the Deathly Hallows - Part 2*), (2011). David Yates. Heyday Films.

Nuestro Hogar (*Nosso Lar*), (2010). Wagner de Assis. Cinética Filmes, Migdal Filmes, Globo Filmes.

Ratatouille, (2007) Brad Bird, Walt Disney Pictures, Pixar Animation Studios.

Los Niños de Irena Sendler, (2009) (*The Courageous Heart of Irena Sendler*) John Kent Harrison. CBS, The Hallmark Hall of Fame, Jeff Most Productions, Most/Rice Productions.

La Matriz (*The Matrix*), (1999) Lana Wachowski, Andy Wachowski. Village Roadshow Pictures, Silver Pictures.

Lutero (Luther), (2003) Eric Till. NFP Teleart, Thrivent Financial for Lutherans.

El Abogado del Diablo (*The Devil's Advocate*), (1997) Taylor Hackford. Regency Enterprises.

SOBRE EL AUTOR

Wolfgang Manuel Kellert De Villegas, cineasta de profesión, ha incursionado desde el año 2003 en la elaboración de material audiovisual transformacional para su difusión en radio, televisión e internet, y ha dado centenares de charlas públicas, incluyendo cárceles, colegios, e instituciones privadas.

Puedes tener acceso a sus videos y conferencias visitando su página en Facebook facebook.com/WolfgangKellert o a través de su sitio web wolfgangkellert.com. Para conferencias en tu ciudad, puedes contactarte a info@wolfgangkellert.com

www.ingramcontent.com/pod-product-compliance
Lightning Source LLC
Chambersburg PA
CBHW020754160426
43192CB00006B/330